시에세이 026

클래식의 숨은 진주

빵 냄새가 나는 음악

시에세이 026

빵 냄새가 나는 음악

초판 1쇄 발행 | 2023년 11월 20일

지은이 배홍배
펴낸이 문정영
펴낸곳 시산맥사
편집주간 김필영
편집위원 신정민 최연수
등록번호 제300-2013-12호
등록일자 2009년 4월 15일
주소 03131 서울특별시 종로구 율곡로 6길 36. 월드오피스텔 1102호
전화 02-764-8722, 010-8894-8722
전자우편 poemmtss@hanmail.net
시산맥카페 http://cafe.daum.net/poemmtss

ISBN 979-11-6243-421-5 03810

값 20,000원

* 이 책은 전부 또는 일부 내용을 재사용하려면 반드시 저작권자와 시산맥사의 동의를 받아야 합니다.
* 이 책은 교보문고와 연계하여 전자북으로 발간되었습니다.
* 본문 페이지에서 한 연이 첫 번째 행에서 시작될 때에는 〈 표기를 합니다.
* 저자의 의도에 따라 작품의 보조 동사와 합성 명사는 띄어쓰기가 달라질 수 있습니다.

클래식의 숨은 진주

빵 냄새가 나는 음악

글 · 사진 **배홍배**

■ 작가의 말

클래식음악이란 그 의미상 여러 가지로 이야기할 수 있으나 각 나라의 민속 음악과 과거로부터 전해 내려오는 음악을 통칭하는 것으로, 주로 서양 사람들이 대중음악과 비교하여 예술적인 가치를 두는 음악을 말한다.

예술음악, 즉 클래식음악이 대중음악과 다른 것은 형식의 복잡성이다. 클래식음악은 예로부터 전해 내려오는 일정한 형식으로 쓰고 연주가는 악보 그대로 연주하는 것이 특징이다. 그러므로 클래식 음악가는 원곡 형태를 변형시킬 수 없다. 이는 연주자가 연주를 하는 동안 임의로 수정하여 즉흥 연주를 할 수 없다는 의미이기도 하다.

이런 이유로 클래식음악의 엄격한 전통성은 그것을 감각적으로 향수하는 데 있어서의 난해함을 수반한다. 더욱이 서양 클래식음악에 우리가 가까이 다가가는 데 느끼는 어려움은 서양인과 동양인의 정서의 차이에서 온다.

서양인들은 화성의 조화와 형식과 구조의 완벽성에서 오는 리스닝 의 쾌감, 즉 이성적 감성을 자극하는 곡을 좋은 음악이라고 하는 반면 동양인은 선율과 음조의 감정적 감성에 호소하는 음악을 선호한다. 그러므로 오늘날 명곡이라 알려진 음악들은 대부분 서양인들에게 익숙한 것들이어서 우리의 정서와는 동떨어진 곡들이 많다.

본 책에서는 유명한 곡으로 알려져 있진 않으나 르네상스 시대부터 바로크 고전 낭만 현대 음악에 이르기까지 듣기 쉽고 편한 것들을 146곡 선정하여 시적인 분위기의 이야기와 해설을 덧붙였다. 또한 책을 보면서 휴대폰의 유튜브를 통해 음악을 들을 수 있도록 큐알코드를 만들어 올렸다.

2023. 11.

옐로

찻집 청노루의 등불-풀랑크: 피아노협주곡 D단조	16
아내에게 보내는 사랑의 선물-슈만: 인트로덕션 D단조	18
봄날에-클레멘티: 피아노 소나타 B단조	20
첫사랑에게 헌정-베토벤: 모차르트 주제에 의한 변주곡	28
그때가 좋았네-어브: 트롬본과 오케스트라를 위한 협주곡	30
내 사랑은 장미처럼-안달루시아 옛노래	33
사랑과 배신-메코멕: 시실리아나	36
겨울나그네-칼리니코프: 심포니 1번	39
삼 일째 잠든 니나-페르골레지: 니나	42
남아메리카의 미사-라미레즈: 미사 크리올라	45
사랑이여 안녕-야스민 레비: 아디오 케리다	48
몸짓으로만 앉아 있는 새-드뷔시: 아라베스크 1번	52
슬픈 멋쟁이-슈베르트: 네 손을 위한 알레그로 A단조	56
혈관을 타고 들어오는 음악-심슨 케이: 마킹스	57
음악의 횡재-파우만: 내 의지와 함께	59
빵 냄새가 나는 음악-비발디: 기타 하모니카 협주 A장조	61
방랑을 향한 끝없는 향수-드보르자크: 바가텔 Op.47-1	63
청순한 소년의 정열-쇼팽: 피아노 트리오 G단조	66
잊혀지기엔 너무 억울한 곡-훔멜: 피아노협주곡 2번	69

Contents

우아하고 감상적인 왈츠-라벨	71
3대 비극의 아리아-바그너: 트리스탄과 이졸데	73
쇼팽의 이별과 마주르카-쇼팽: 마주르카 Op.64-4	77
7과 13-단찌: 플루트 바이올린 비올라 첼로를 위한 소나타	80
종달새의 노래-차이코프스키	82
봄처녀-풀랑크: 플루트와 피아노를 위한 소나타	84
예언적 스타일의 음악-르쾨: 바이올린 소나타 G장조	85
드라마 모래시계-파가니니: 바이올린과 기타 소나타 E단조	86
들장미에게-에드워드 맥도웰	87
장난꾸러기 연주가와 헨델-헨델: 미뉴엣 G단조	89
순수한 사랑-베토벤: 엘리제를 위하여	91
피아노와 인간의 한계-리스트: 라 캄파렐라	95
최초의 야상곡-존 필드: 녹턴 2번 G단조	97
인간과 사랑에 빠진 물의 요정-라이네케: 플루트 소나타	99
비엔나 극장에서 온 자자-레온카발로: 자자	101
멘델스존의 누나-파니 멘델스존: 녹턴 G단조	103
두 줄기의 바람은 몰아치고-비발디: 오페라 그리셀다	104

블루

귀성길의 달빛-몽포우: 칼라다 중 트랭퀼로   110

봄의 위작(僞作)-호프슈테터: 현악 4중주 17번   114

색다른 카덴차-베토벤: 바이올린 협주곡 제1악장   116

관대한 사람-그레트리: 관대한 사람 서곡   119

항해로의 초대-뒤파르   125

물 위에 떠가는 플루트 소리-벤다: 플루트 협주곡 E단조   129

내 마음의 섬-케네스 멕켈라   132

12세 소년의 천재성-모차르트: 바스티앙과 바스티엔   136

폭력적인 봄-비숍: 보라 저 유순한 종달새를   138

신비한 공기가 흐르는 음악-라흐마니노프: 프렐류드   143

음악의 쓸쓸한 풍경화-멘델스존: 헤브리데스 서곡   145

불멸의 2악장-베토벤: 교향곡 7번 제2악장   147

행복의 섬-스코틀랜드 민요   150

베토벤에게 조롱당한 음악가-슈타이벨트: 피아노 5중주 1번   154

조롱을 되돌려 받은 베토벤-베토벤: 크로이처 소나타   156

선술집에서-칼 오르프: 카르미나 브라나 11곡   158

폴리네시아 타이티의 음악-이대경: 오리 타히탄   162

해적선-헤브리데스의 노래   164

클라리넷을 싫어한 작곡가-모차르트: 피아노협주곡 22번   167

Contents

음악가와 피자 한 판의 차이-마스네: 피아노협주곡 Eb장조	169
음악의 신비주의자-시릴 스코트: 이른 아침에	171
음악과 아이러니-프로코피에프: 피아노협주곡 1번	173
검은 티티새의 노래-메시앙	176
음악의 마녀사냥-마이크 한니켈: 트라이앵글 협주곡	177
억울한 코렐리-코렐리: 12 콘체르티 그로시 Op.6-8	179
엄격하고 고상한 음악에로의 여행-바흐: 듀에토 4번 A단조	183
보이지 않는 도시-림스키 코르사코프: 키테츠의 전설	185
세상의 모든 아침-장 밥티스트 룰리: 터키풍의 행진곡	188
미쳐가는 음악-베토벤: 론도 카프리치오	191
텔레만과 바흐-텔레만: 두 대의 바이올린을 위한 협주곡	192
음악과 시간-타케미츠 토르: 장마	194
잃어버린 협주곡-리스트: 피아노협주곡 헝가리풍	196
우리 지금 어디죠?-크라이슬러: 서주와 론도	200
음악의 수채화-힌데미트: 콘체르트뮤직 Op.49	203
사회적인 의붓자식 음악의 낭만-한슨: 심포니 2번	205
예술과 시간-라뫼	208
모차르트의 알려지지 않은 이야기들-미뉴엣 G장조	210

퍼플

아버지의 눈물 장미꽃-라벨: 피아노협주곡 D장조   222

소 치는 아이-베토벤: 얼스터로의 귀향   224

나 홀로 길을 가네-안나 게르만: 러시아 민요   227

오래된 음악으로 퇴보하는 사랑-글라주노프: 세레나데   229

천 번을 맹세한 사랑-브람스: 가곡 아그네스   231

죽은 남편을 그리는 아내의 노래-스코틀랜드 민요   235

늙은이의 노래-러시아 민요: 저녁 종   238

우울한 시간-라흐마니노프: 프렐류드 Op.23 5번   241

환상의 태양-슈베르트: 겨울나그네 23곡   243

처연하고 아름다운 선율-볼프 페라리: 성모의 보석   246

누가 연인이 생겼나-모차르트: 후궁으로부터의 도망   247

세네카의 죽음-몬테베르디   252

문밖에 서 계신 어머니-스페인 민요   254

노르웨이에서의 이상한 식사-그리그: 바이올린 소나타 2번   256

만추의 계절에-브람스: 피아노 트리오 C장조 제2악장   260

성녀 클레어-레스피기: 교회의 창   263

철새들이 돌아오는 계절-크루프: 혼 소나타 E장조   266

슬픔의 3중주-라흐마니노프: 피아노트리오 G단조   267

북부 유럽의 서늘한 서정-그리그: 바이올린소나타 3번   269

Contents

고독은 동굴처럼-시벨리우스: 현악 4중주 D단조 … 273

광기의 소나타-슈만: 바이올린 소나타 1번 A단조 … 277

세상에서 가장 슬픈 노래-헨리 퍼셀: 디도의 탄식 … 280

4개의 슬픈 노래-미키스 테오도라키스 4/4 … 282

넘쳐흐르는 눈물-슈베르트: 겨울나그네 … 285

시벨리우스의 슬픈 노래-시벨리우스: 엘레지 … 287

세상에서 가장 슬픈 음악-말러: 교향곡 5번 제4악장 … 289

즐거움과 고통을 분별할 수 없게 하는 선물-라벨: 파반느 … 290

양치기 아가씨-캉틀루브: 오베르뉴의 노래 … 292

자크린의 눈물-오펜바흐 … 294

연인과의 이별 후-베토벤: 현악 4중주 1번 제2악장 … 297

어느 위대한 예술가를 위한 추억-차이코프스키: 피아노 3중주 … 300

기이하고 괴팍한 피아니스트-슈트라우스: 피아노 소나타 … 303

장송 행진곡-슈만: 피아노 5중주 Eb장조 제2악장 … 307

죽음으로의 매혹적인 초대-레조 세레스: 글루미 선데이 … 310

신의 날에-막스 부르흐: 첼로협주곡 콜 니드라이 … 313

끊임없이 고동치는 슬픔-두세크: 피아노 소나타 G#단조 … 315

그리스의 옛 노래 라 포자-그리스의 옛노래: Lat.Pausa … 316

개를 위한 엘레지와 베토벤의 이야기들-베토벤 … 317

브라운

마지막 눈을 감을 때 듣고 싶은 음악-슈트라우스: 잠자리에 들 때	326
늙은 밤나무-바흐: 모음곡 A단조 프렐류드	330
브람스의 눈물- 브람스: 현악 6중주 1번 제2악장	332
사랑은 어두운 등불처럼-아브살로모프: 피아노협주곡 G장조	335
오래된 무성영화를 보고 나와-베토벤: 바가텔 B단조 4번	339
정의와 분노가 부딪치는 소리-미요: 2대의 피아노협주곡	342
사랑과 용서-쇤베르크: 현악 6중주 정화된 밤	345
가슴 깊은 곳의 동경-브람스: 알토와 비올라를 위한 노래	348
기계와의 전쟁의 으스스한 분위기-닐센: 교향곡 5번 1악장	352
외로운 물-어네스트 존 모어란	354
케네디 대통령의 장례식 영결미사-아르메니아 미사	357
나의 친구 모이셀레-유대인의 노래	359
별이 보이지 않는 밤에-슈트라우스: 첼로 소나타 제2악장	363
우리와 우리 자손의 운명에게-브람스	366
잃어버린 음악의 라인-플레엘: 신포니아 콘체르탄테 5번	369
오르쿠스의 동굴-윌리암 볼컴	371
잘려 나가는 바다의 허리-브람스: 바이올린 소나타 1번	372
장님과 베토벤-베토벤: 피아노 소나타 Ab장조 12번 3악장	375
살아서는 텔레만 죽어서는 바흐-텔레만: 비올라 협주곡	377

Contents

음악의 조각상-에릭 사티: 짐노페디 380

길들여지지 않는 사자-베토벤: 피아노 소나타 27번 381

우아한 바흐-바흐: 파사칼리아 푸가 C단조 384

작별과 애수의 여왕-캐슬린 페리어: 말러 대지의 노래 386

우아한 저녁 식사를 위하여-텔레만: 콘체르토 F장조 389

아내의 운명을 예견한 음악가-쇤베르크: 현악 4중주 2번 390

음유 시인의 노래-칼 오르프: 카르미나 부라나 393

첫눈-베토벤: 현악 4중주 4번 C단조 Op.18 394

피아노의 헤라클래스-안톤 루빈스타인: 피아노협주곡 4번 396

허무한 마음-파가니니 399

잊혀진 피아노협주곡-차이코프스키: 피아노협주곡 2, 3번 402

색소폰의 설음-바흐: 솔로 바이올린을 위한 파르티타 406

전문피아니스트가 작곡한 피아노협주곡-플라티: C단조 410

최초의 흑인 작곡가-조르주: 아다지오 F단조 412

음악가들에 대한 웃기고 슬픈 이야기들-라모: 암탉 413

음악가들의 마지막 남긴 말-바흐: 오라 달콤한 죽음이여 420

찻집 청노루의 등불
-프란시스 풀랑크: 2대의 피아노를 위한 협주곡 D단조

그 사람이 내 곁에서 멀어진 후 저녁은
우리가 자주 들리던 찻집 청노루
누르스름한 반투명 종이 등 안으로만 왔다.
그 찻집 문을 열고 들어서면
저녁은 내게 제 속을 반쯤만 보여주었다.
나는 나머지의 그 속이 어떻다는 것인지
알 길이 없었다.
종이 등 앞에서 오랫동안 생각을 구부리고
앉아 있으면 무릎이 환해 오는 나를 데리고
저녁의 나머지 속에게로 내려가는 그
무엇인가를 나는 나무 난로 위 주전자
물 끓는 소리이거나 부뚜막에 아이 놓아 둔
젊은 여자 신발 끄는 소리로 듣곤 했다.

찻집 청노루의 반투명 종이 등만큼 감각적인 플랑크의 피아노 음악, 풀랑크는 음악사적으로 뿐 아니라 그 선율에 있어서도 에릭

사티의 후계자다. 풀랑크가 1963년 죽기 전 그가 마지막으로 했던 것도 사티의 작품들을 녹음하는 일이었다. 버질 톰슨이 그를 가리켜 이 시대의 가장 위대한 멜로디 작곡가라 했듯이 풀랑크는 사티와 마찬가지로 멜로디 전문가였다. 그러나 사티가 형이상학과 장미십자회(Rosicrucianism)에 매료된 반면 풀랑크는 추상주의와 철학을 좋아하지 않았다. 그는 감각적이고 감상적인 것을 더 좋아했다. 특별히 종교적이지는 않았지만 풀랑크는 주저 없이 자신의 음악에 외설을 다루기도 하면서도(Chansons gaillardes) 한편으론 미사 G장조, 스타바트 마테르, 글로리아 같은 종교적 작품에도 손을 댄다.

아내에게 보내는 사랑의 선물
-슈만: 인트로덕션 D단조 Op.134

해 질 녘 낮은 산골짜기 개울가에 앉아
피어나기 시작하는 버드나무 어린 눈들을
바라본다.
그 보송보송한 모습이
내가 한때 좋아했던 여자의 솜털 많은 귀밑
거기 같아 얼굴을 가까이 대어본다.
나무의 뿌리 깊은 곳에서 들리는 소리,
그 여자 직장에서 돌아오며
우리 자주 만나던 공원 앞을 지나올 때
가슴에 물 흐르는 소리다.
동네 앞에 이르러 바라보는 서쪽 하늘이
그녀의 눈 안에서 찰랑이는 소리도 들린다.
그녀가 집 안에 들어설 때
따라왔을 법한 어스름이랄까, 그늘 같은 것들은
어떻게 하는지, 어떻게 하려는 것인지
우리 집 지붕 위로 어떻게 노을은 떠오르는지
버드나무의 능청스런 눈빛을 빌려 지켜보고 있다.

"당신의 호의에 몸 둘 바를 모르겠어요. 제가 이런 선물을 받을 자격이 있는지… 하지만 세상에서 내가 가장 행복한 여자인 것만은 분명해요."

1853년 슈만은 피아노와 오케스트라를 위한 작품으론 마지막 곡인 인트로덕션 알레그로 d단조 op.134를 하나 더 쓴다. 12월 그들의 결혼 13주년 기념으로 슈만은 클라라에게 새 그랜드 피아노를 선물한다. 피아노 위에는 그해에 작곡한 다른 작품들과 함께 그녀에게 헌정하는 서주와 알레그로가 놓여 있었고, 클라라가 그녀의 일기장에 감격해서 쓴 글이다.

그리고 12월 말 젊은 브람스가 슈만 부부를 찾아온다. 슈만과 클라라는 감동하여 이 곡을 함부르크에서 온 젊은 작곡가에게 다시 헌정한다. 곡은 느리고 조용하게 서주를 시작하는데, 일종의 즉흥곡 형식으로 주 선율에서도 다시 나타난다. 피아노와 오케스트라가 소나타 형식의 알레그로를 대화하듯 주고받다가 빠르고 격렬하게 나아간다. 곧이어 첫 번째 주제와 두 번째 주제를 잇는 연결부로 셋 잇단음이 다시 나타나고, 부드럽고 서정적인 제2 주제는 곡 전체를 지배한다. 또한 인상적인 카덴차 부분도 이 곡에서 빼놓을 수가 없다. 오케스트라의 총주 속에 독주 피아노가 곡예를 하듯 포르테시모로 곡은 끝난다.

봄날에
-무치오 클레멘티: 피아노 소나타 B단조 Op.40

햇볕 따뜻한 봄날 마루에 앉아 발등을 물끄러미
내려다보고 있으면 그곳에 웅덩이 패이고
소년 시절 나를 설레게 했던 방앗간 집 딸의
희고 고운 종아리에 머물던 햇빛이라든가
내가 뻔질나게 지나다니던 그 집 앞길이 한 데
고여 발목에 물길 닿는 소리 들리나 기다리면
그 소녀의 방 조그만 창이 파리하게 앓던
가련함과, 우리 집 담장 아래 바람 난 민들레
사생아들이 그 가련함 어딘가에 터를 잡던 교묘함
까지도 발목을 지나서나 허리를 지나서나 한없이
가늘어지는 소리로 듣고 있는 이 작고 가벼운 한가함이여.

-시 『봄날에』 전문

이런 날이면 가슴을 잔잔하고 명료하게 울리는 음악이 하나 생각난다. 클레멘티의 피아노 소나타 B단조다.
무치오 클레멘티(1752-1832)는 이태리에서 나서 영국에서 활동했다. 음악교육자, 출판업자, 피아노 제작자 등 다양하게 활동했지만 젊은 피아니스트들이 자주 연주하는 6개의 작은 소나티네들 외엔 우리나라에 잘 알려지지 않은 음악가다.

『피아노 포르테 연주기법 안내 Introduction to the Art of Playing the Pianoforte』란 책을 쓴 클레멘티의 음악 교육자로의 업적은 다른 어느 음악가들보다 더 크다. 그는 많은 소나타를 썼지만 약 100곡의 가벼운 곡들과 20개의 교향곡이 전해진다.

특이한 것은 피아노 제작을 하기도 했다는 것이다. 당시는 피아노가 아직 완전히 발전되지 않았고 그 연주기법도 아직 완성되지 않은 시대로 뛰어난 피아노 연주가였던 클레멘티의 소나타들은 피아노의 기술적인 면에 있어 커다란 영향을 끼쳤는데, 그는 종래의 피아노보다 더 두툼한 질감과 연주의 기교를 뒷받침해주는 반응이 빠른 피아노를 제작했다.

이는 베토벤 같은, 소나타의 형식에 있어 격정적이고 실험적인 음악을 쓰는 음악가가 나오게 했다. 베토벤은 클레멘티의 소나타들을 자주 연주하며, 사람들에게 소개하기도 하는 등 클레멘티의 열렬한 팬으로 자신의 조카를 가르칠 때도 거의 클레멘티의 곡들을 사용했다. 그러나 베토벤이 음악사에 있어 확고한 자리를 차지하게 되면서 사람들의 뇌리에서 클레멘티의 음악은 점점 잊혀져갔다.

클레멘티의 소나타들은 종종 작품 번호들을 세 개씩 묶는데 이것이 때론 혼란을 가져온다. 이름이 붙여진 것은 단 한 곡으로 『버림받은 디도 Didon abbando』뿐이다. 그의 소재들은 베토벤의 것처럼 상징적이진 못했지만, 많은 작품들이 끊임없이 연주 무대에 오르면서 고전주의에서 낭만주의 음악으로 넘어가는 통로 역할을 하기도 했다. 클레멘티의 곡들은 듣기에도 즐겁고 연주하기도 편하여 피아니스트의 손에서 아름다운 꽃이 피어나는 것 같은 독특한 느낌을 받게 한다.

그의 모든 곡들이 좋지만 소나타 B단조 Op. 40, No.2를 듣는다. 클레멘티는 이 곡을 1802년에 출판했는데, 이 해는 베토벤에게

중요한 해기도 했다. 베토벤이 하일리겐슈타트 유서를 쓴 때로 베토벤 예술의 영웅시대인 중기 시대가 시작되는 시기였다. 같은 해 베토벤이 출판한 Op.31 세트엔 그의 선구적인 작품인 템페스트 소나타가 들어있다. 이 곡에서 클레멘티는 적잖은 충격을 받고 비슷한 실험적 작품을 쓴 것으로 보인다.

이 작품이 주목받는 것은 두 가지 측면에서 고전주의 형식을 깼다는 점이다. 두 악장으로만 이루어진 소나타라는 것과, 두 악장 모두 처음 빠른 악절로 들어가기 전 느린 서주부를 두고 있는데 곡의 나머지 부분도 이런 식이다. 이는 대단한 평가와 놀라운 반응을 동시에 받는다.

도입부 몰토 아디지오 소스테누토의 첫 네 마디가 곡 전체를 매우 효과적으로 이끌어간다. B단조로 시작하는 첫 번째 프레이즈는 F샵으로 넘어가면서 도입부를 완성한다. 다음 프레이즈는 멋진 G장조 불협화음에서 B단조 코드로 넘어가, 비장함이 점점 사라지면서 F샵 마이너에 안착한다. 그러나 아직은 도입부가 끝난 것은 아니다. 이것은 소나타로선 매우 주목을 끄는 것으로 앞으로의 음악의 전개에 있어 독특한 여정을 예견하게 한다. 뒤따르는 멜로디는 멋지게 오르내림을 반복하다가 D마이너에서 숨을 고르고 F샵 카덴차에 들어간다.

이어지는 알레그로 콘 푸오코 콘 에스프레쇼네는 분위기가 사뭇 다르다. 첫 세 마디는 빠른 템포로 상승하는 카덴차로 주 조성인 B마이너를 강렬하게 장식한다. 느낌상 4개의 마디로 이루어진 마지막 카덴차가 뒤따를 것 같지만 아니다. 네 번째 마디는 네 개의 마디로 이루어진 악절과 3개의 마디로 된 악절로 시작되는 한 악절의 시작 부분이 되는 참신함을 보여준다. 이렇게 함으로써 곡은 4개에서 8개의 마디로 이루어진 통상적인 형식을 벗어난다.

악장의 나머지 부분도 작곡자 클레멘티의 이름을 연상시키는 음으로 이루어진 재미있는 게임 같다. 그리고 스카를라티의 기법을 따르는 부분도 보이고, 어떤 곳은 하이든을 그대로 옮겨놓은 것 같기도 한다. 그러나 옥타브를 넘나드는 일관된 페시지들은 베토벤과 클레멘티에서만 보이는 특징이다. 사람들이 가장 좋아하는 이 악장은 빠른 D장조의 주제가 마치 카텐차처럼 들린다.
질풍노도 같은 긴장감 넘치는 첫 악장이 끝나면 클레멘티는 과감하게 긴장도를 누그러뜨려 라르고와 메스토 파테티코의 악장으로 넘어간다. 곡은 10개 마디 전체가 우울하고 비장미 넘치는 음조를 유지하면서, 확장된 화음이 강한 비트의 트릴과 함께 한 번 나타난다. 대담하게 이어지는 알레그로는 이렇게 똑같은 주제를 6/8 박자로 뒤따른다. 느리면서 우울하고 비장한 두 개의 텍스쳐가 갑자기 튀어나오는 것은 스카를라티를 다시 떠오르게 한다.

이 악장의 분위기를 한마디로 콕 집어서 말할 수는 없다. 고요함 이 맴도는 D장조의 전원적 분위기에서 베이스의 웅성거리고 희미하게 반짝이는 페시지로 갑자기 기운다. 이 악장의 백미는 반복되는 제시부 다음에 잠깐 나타나는 동기 부분이다. 계속되는 스케일성 모티브를 오른손이 연주하고, 왼손이 따라서 연주하다 왼손이 시작하기 전 잠깐 왼손 오른손을 바꾸어 연주하고 페달로 반복해서 끊는 듯 멈춘다. 이는 계속해서 빠르게 진행되기 때문에 놓치기 쉽지만 그의 천재성을 보여주는 부분이다.

클레멘티는 16분음표들로 된 긴 페시지의 대미를 장식하고 나서 처음 라르고의 도입부로 돌아가 잠깐 회상에 잠긴다. 이 부분은 폭풍이 몰아치는 힘이 느껴지는 프레스토 코다가 나타날 것 같은 예감을 갖게 한다. 어느 작가는 이 부분을 베토벤의 비창 소나타 첫 악장의 느린 부분을 연상시킨다고 말했다. 사실 클레멘티와 베토벤은 이런 기법을 여러 번 사용했다.

이 곡에서 유심히 살펴볼 것은 첫 악장이 6/8박자의 느린 도입부로 이루어져 있고 나머지 주요 부분은 빠른 4/4박자로 되어 있는 것과, 두 번째 악장은 4/4박자의 느린 도입부로 되어있지만 나머지는 6/8박자로 이루어져 있는 점이다. 일종의 잠재의식의 대칭으로 보이는 이런 기법은 클레멘티의 의도적인 것인지는 모른다.

아무튼 이 곡은 좋은 곡임에는 분명하다. 클레멘티의 B마이너 소나타는 언젠가는 클래식 소나타에서 중요한 자리를 차지할 것이라 생각된다. 이 곡은 그가 B단조로 쓴 유일한 곡이기도 하지만 풍부한 피아노의 연주기법과 비르투오소적인 요소를 갖고 있는 곡이기 때문이다.

첫사랑에게 헌정

-베토벤: variation on Se vuol ballare mozart

해마다 4월이 오면 됫박만 한 내 가슴에
수천수만 평의 봄 들판을 깔아놓고
수줍은 풀꽃들을 피우는 소녀가 있다.

베토벤도 그랬다.
그가 만인의 음악 대가가 되어서도
들리지 않는 귓속에서 수줍게 속삭이는
소녀 헬레네 폰 브로우닝,
그의 첫사랑에게 헌정한 귀한 곡이 있다.

베토벤의 모차르트 오페라 피가로의 결혼 중 당신이 춤을 추고 싶다면 (Se vuol ballare) 주제에 의한 변주곡은 1792-1793년 그가 고향 본을 떠나 빈에 있을 때 작곡되었다. 베토벤은 이 변주곡들과 론도 G장조를 그가 열렬하게 사랑했던 자신의 피아노 제자며 첫사랑인 헬레네 폰 브로우닝에게 헌정했다.

이 변주곡들은 형식과 구조면에 있어서 그의 전성기의 면모를 잘 보여주는 작품들로 갓 피어나는 꽃 같은 신선함과 인상 깊은 멜로디로 이루어진 춤곡이다. 이 곡은 그의 중기 변주곡들 중 뛰어난 작품성을 보여주는 것으로, 단조를 택하여 새로운 표현의 깊이를 보여주는데 바이올린의 우아하고 울림이 풍부한 저현을 사용함으로써 그 효과를 돋보이게 한다.

하지만 곡의 분위기는 점차 밝아지며 기교적이고 리드미컬한 기상이 지배를 하는데 이는 피아노 부분의 변주에서 더욱 뚜렷이 나타난다. 종결부에 이르러선 바이올린이 다시 도입부의 적극적인 피치카토로 되돌아가 전체적으로 모차르트의 아리아풍 분위기로 끝을 맺는다.

그때가 좋았네
-Donald Erb: Concerto for trombone and orchestra

잃어간다 점점 나 자신을 음악 속에
비명을 지르면 고요해지는 혼자
우리를 이야기했다
모르는 사람의 안심을 사기 위해
묻고 대답할 때
세상은 거울 속에서 안전했다
이 음악은 말하지 않아도 돼
말 속에서 나는 외롭지는 않을 거니까
꿈같은 엘레지의 비율로
기억과 경험이 버려지는 공기가 엷어져갈 거니까
쓸모없이 가벼워져버린 관악 5중주보다 무거운
십 년을 돌아간다면
슬픔을 깨무는 입술에서도
꽃잎은 피고 져서 살구 알이 익을 때
살구보다 더 발간 그녀가 부르는
그때가 좋았네,
그때까지 다시 또 십 년을 약속할 수 있을까

-시 『그때가 좋았네』 부분

아무리 비싼 기기, 아무리 값싼 기기도 계속 들으면 처음 느낌은 사라지고 음악만 남는다.

음악 역시 오래 들으면 선율은 사라지고 음만 남는 것이어서 베토벤 모차르트 등 기존 음악들의 익숙한 멜로디에 식상해진다.

그러나 현대 음악은 조성과 선율은 없고 음향만 있어 음악에 굴복되지 않는다. 음악과 내가 객관적인 객체가 되어 음악이 나를 방해하지 않는 것이다.

선율이 사람의 의식을 지배하는 기존의 음악은 들으며 글을 쓸 수가 없지만 현대 음악은 그렇지 않다. 멜로디가 사색이나 사고 과정에 끼어들지 않기 때문이다.

도날드 어브(1927-2008)는 미국의 현대 작곡가로 금관악기를 비롯한 관악기를 위한 규모가 큰 곡들을 남겼다.

한 평론가는 그를 가리켜 20세기의 대표적인 음악가로 기억될 것이라 평했다.

1927년 2월 미국 오하이오 영스타운에서 태어나 많은 작품들을 여러 음악 매체에 발표한 어브는 8살의 나이에 음악 학교에서 음악 공부를 시작했다. 해군 복무를 마친 후 트럼펫 연주자의 길로 들어선 그는 댄스 밴드의 안무가로 활동을 시작한다.

이어서 그는 켄트 주립대학에서 트럼펫 연주자 학위를 취득하고, 클리블랜드 음악원과 인디아나 대학에서 작곡 부분의 학위를 얻음으로써 본격적인 음악의 길을 간다.

이 곡을 듣고 있으면 음표가 스스로 연주되는 것 같은 느낌을 받는다. 그것은 집중해서 듣는 이야기가 아니라 음 속에서 아무렇게나 흘러나오는 이야기가 들린다.

내 사랑은 장미처럼
-Songs of Andalusia: Como la rosa en la güerta

정원에 자라는 장미처럼

정원에 자라는 장미처럼

아직 피지 않은 꽃들처럼

내 사랑 그녀도 피지 않네

잠들 시간은 다가오는데

밝은 날들은 슬프게 가고

밝은 날들은 슬프게 가고

꽃들은 져서 먼지가 되네

침대에 영영 잠든 공주처럼

꽃잎은 떨어져 사라져가네

희귀한 노래, 아주 슬픈 노래다. 작자 미상의 안달루시아 옛 노래로 악기로 반주하는 작자 미상의 세파르딕(유대인의 노래) Como la rosa en la guerta(내 사랑은 장미처럼)는 이 지방의 오래된 전통을 엿볼 수 있게 한다. 서정적이며 슬픈 노래로 흘러가는 세월과 정원의 장미꽃 같은 처녀들의 죽음을 애도하는 내용이다.

13세기에서 16세기 스페인 노래들은 다양성과 풍부함, 시적 특성 그리고 예술과 세속적 요소들이 절묘하게 결합된 형식으로 이어져 왔다. 이러한 노래들은 문화와 종교의 다양성을 반영하고 있다. 이는 스페인이 거의 800년 동안 무슬림, 베르베르인, 무어인들의 지배를 받았기 때문이다.

안달루시아, 세빌리아, 코르도바와 그라나다에 그들의 칼리프 왕국을 세운 지배자들은 후에 아라곤의 페르디난드와 카스틸의 이사벨라 같은 카톨릭 왕들이 이끈 기독교 세력들에 의해 물러갔지만, 스페인에 독립된 왕국들과 지역 문화 그리고 자신들만의 언어와 방언 및 고유한 전통으로 각각 짜인 문화와 문명을 남겨 놓았다.

아메리카를 포함 세계 각지에 흩어져 살았던 스페인과 포르투갈계의 유대인들은 세파딤(Sephardim, Sephardi의 복수형)이라 불렸는데, 이 말은 구약성서(오바댜 20장: 세파라드에 살고 있는 예루살렘 포로들이여 너희들을 남쪽에 있는 도시들에 살게 하겠노라)에 나오는 한 지역의 히브리식 이름이다.

히브리 랍비들은 이 미지의 땅을 스페인으로 가르쳤다 한다. 세파르딕 노래(Sephardic songs)를 이야기할 때 사람들은 유대 사회에 흩어져 구전 형태로 전해오던 스페인 지방의 노래들을 의미한다고 한다. 올드 발라드와 러브 송을 포함한 이런 많은 세르파디 타스 칸쵸네 노래들이 있는데, 이들은 정확한 연대는 확인할 수 없지만 그 기원이 중세 스페인 안달루시아 지방으로 알려져 있어서 안달루시아엔 기독교, 유대교 그리고 무슬림 문화가 공존한 곳임을 알 수 있다.

사랑과 배신
-John McCormack: Siciliana

O Lola ch'ai di latti la cammisa
오 롤라, 당신의 드레스는 우유처럼 희군요,

Si bianca e russa comu la cirasa,
당신의 살결은 하얗고 딸기처럼 붉은

Quannu t'affacci fai la vucca a risa,
당신의 입술은 창문을 내다보며 웃고 있어요,

Biato cui ti dà lu primu vasu!
당신에게 첫 키스를 받는 남자는 축복받은 사람이어요!

Ntra la porta tua lu sangu è sparsu,
당신에게 가는 길은 피의 문턱을 넘어야 해요,

E nun me mporta si ce muoru accisu…
하지만 난 그 문턱에서 죽어도 좋아요.

E s'iddu muoru e vaju mparadisu
내가 죽는다면 천국으로 가는 거지만,

Si nun ce truovo a ttia, mancu ce trasu.
당신이 없는 곳이라면 천국이라 해도 가지 않을래요.

군에서 제대해 고향에 돌아온 투리두는 애인 로라가 다른 사람과 결혼한 것을 알고 상심에 잠긴다. 마을의 다른 처녀 산투짜와 사귀지만 그의 마음속엔 로라뿐이다. 투리두는 로라와 다시 만나게 되고 이에 질투가 난 산투짜가 로라의 남편 알피오에게 일러바친다. 화가 난 알피오는 술집으로 달려가 투리두와 결투를 벌이고 투리두는 알피오의 칼에 죽음을 맞는다.

마스카니가 1884년에 작곡한 오페라 카발레리아 루스티카나의 서곡에 불려지는 주인공 투리두의 비장한 노래다. 서곡에서 결투를 암시하는 듯한 투리도의 이 노래는 비장하고 애절하며 무척 아름답다.

아일랜드 민요 아 목동아(대니보이)를 부른 존 매코맥은 그 감미로운 미성으로 전설적인 엔리코 카루소 이후 가장 사랑을 많이 받은 모노 시대의 테너 중 한 사람이다. 그가 1908년에 녹음한 음반이 가장 좋은 시실리아나로 꼽힌다.

겨울나그네
-Vasily Kalinnikov: Symphony No.1 in G minor

노새는 눈보라 치는 광야를 꾸벅꾸벅 돌았다

밖에서 안으로 떠밀리는 하루가

자정쯤에서 지친 곳은

어느 꿈속 한자리였을까

그 돌아오지 못하는 거리에 던져지는 물음,

음반의 사진 속에 걸린 늑대 가죽이 윙윙 울었다

바람은 또 어디로 몰려갔을까

준비할 틈도 없이 마주치는 방향의 무게에

아무렇지도 않게 짓눌리는 그리움은?

안에서 밖으로 기웃거려봤나

몸도 떨어봤나

노새는 제자리를 돌 뿐인데, 영 아니게

잃은 길을 다시 잃고

수평을 깨닫고

한 모습이 깎이는 모양대로

체념보다 둥근,

덜렁덜렁 커지는 노새의 방울 소리

기쁨과 슬픔이 부딪혀 조용히 서로를 잊고 있었다

-시 『겨울 나그네』 전문

바실리 칼리니코프(1866-1901)는 러시아의 하급 관리의 아들로 태어나 14세에 합창단을 맡아 지도할 만큼 천재적인 음악성을 타고났으나 정상적인 음악 교육은 받기 어려웠다.

1884년 모스크바 음악원에 입학했으나 학비를 마련하기 어려운 그는 일 년 만에 그만두고 극장 오케스트라 단원으로 팀파니, 바이올린을 연주하면서 학비를 벌어 필하모니 소사이어티 학교에서 바순을 배운다.

1892년 졸업 후 칼리니코프는 차이코프스키의 눈에 띄어 마루이 극장의 지휘자로 추천을 받는다. 그러나 이 해 가난에 따른 영양실조와 무리한 공부로 폐결핵에 걸리게 되고 음악 생활을 포기해야만 했다. 그는 모스크바의 음악 단체로부터 재정적 후원을 받으려 노력했지만 이마저 뜻대로 잘되지 않고 35세의 짧은 생을 마감하게 된다.

살아생전에도 작곡가로서 인정을 받았지만 그의 사후 그의 작품들은 관심을 받고 남은 가족은 그가 남긴 작품의 인세로 풍요로운 생활을 하게 된다. 마치 우리나라의 박수근 화백이 자신이 그린 그림과 보리 한 말을 바꿔 먹을 만큼 가난했지만 사후 유작들은 수억을 호가하는 것과 같다.

결핵을 앓던 칼리니코프가 1895년 요양지에서 완성한 교향곡 1번 G단조는 러시아적인 서정미와 아름다운 선율 위에 극적인 긴장감이 흐르는 곡이면서도 그의 요절 때문인지 다소 무거운 슬픔이 느껴진다.

삼 일째 잠든 니나
-Pergoles: Nina

삼 일째 잠든 니나가 니나가 니나가
침대에 누워있네 침대에 누워있네
삼 일째 잠든 니나가 니나가 니나가
침대에 누워있네 침대에 누워있네
피페로, 팀파니, 그리고 심벌즈여
가엾은 니나를 깨워,
가엾은 니나를 깨워
더 이상 잠들지 않게 해주오,
더 이상 잠들지 않게 해주오
나의 가엾은 니나를 깨워,
나의 가엾은 니나를 깨워
더 이상 잠들지 않게 해주오
나의 가엾은 니나를 깨워,
나의 가엾은 니나를 깨워
더 이상 잠들지 않게 해주오
더 이상 잠들지 않게 해주오

이태리 작곡가 페르골레지의 Tre giorni son che Nina 3일째 잠든 니나다.
잠에서 깨어나지 않는 그녀를 구해 달라 호소하는 연인의 노래다. 가사의 피페로, 팀파니, 팀발리는 인명이 아닌 악기의 이름으로 악기들에게 죽어가는 연인을 깨워 달라 호소하는 다분히 시적인 표현의 가사 내용이다.

페르골레지는 〈슬픔의 성모〉로 잘 알려진, 바로크에서 고전으로 넘어오는 로코코 시대의 작곡가로, 결핵으로 26세에 요절한 그가 남긴 곡이 수 백곡이 넘어 모차르트와 비교되곤 했다.
그러나 그의 유명세를 빌려 무명 작곡가들이 그의 이름으로 발표한 것들이 많아 당시 인기를 실감할 수 있는 그의 음악적 특징은 매끄러운 선율과 신선하고 아름다운 화성의 섬세함이었다.

『게으른 예술가는 빌리지만 위대한 예술가는 훔친다.』

-이고르 스트라빈스키

남아메리카의 미사
-아리엘 라미레즈: 미사 크리올라

주여, 저희를 불쌍히 여기소서
불쌍히 여기소서
주여 저희에게 자비를 베푸소서
오, 크리스트여 자비를 베풀어주소서

도입부의 키리에다. 아르헨티나의 아리엘 라미네즈는 1967년 기존 미사곡과는 사뭇 다른 미사 크리올라를 발표한다. 남미의 전통 선율과 히스파노우(원주민과 스페인의 혼혈) 아메리칸의 종교적인 형식과 리듬이 유럽인들에게 매우 신성하게 들려 뒤셀도르프 초연에서 대성공을 거둔다.

테너 솔로와 40명의 혼성 합창단, 오르간 아코디언과 퍼쿠션들(타악기) 그리고 남미의 민속음악 기타인 사랑고, 통나무 플루트 뀌에나, 볼리비아 팬파이프 시큐는 전통의 맛을 살린 독특한 음악을 표현한다.

라미네즈가 스페인의 남미 정복 500주년 기념으로 이 곡을 쓴 것은 그가 순수 스페인의 혈통 임을 말해 준다(이민 2세). 그러면서도 그는 남미의 전통 민속 선율을 찾아내 자신의 음악과 접목시켰다.

호세 카레라스가 솔로로 참여한 음반은 가히 그의 절창이라 할 만하다. 카레라스는 다른 테너들에 비해 성량과 발성이 떨어지지만, 그만의 미성으로 연구개 끝을 완전 고정시키지 않고 소리의 끝을 살짝 열어 비음을 섞고 마스케라를 울리는 창법은 기존 벨칸토 창법과는 조금 다르다. 하지만 이런 그의 창법으로 인해 미사 크리올라에선 마치 영혼이 노래하는 것 같은 느낌을 받는다.

『사람의 마음속에 있는 어둠에 빛을 비추는 것이 예술가의 임무다.』

-로베르트 슈만

사랑이여 안녕
-Yasmin Levy: Adio Kerida

이별의 시절,
떨어지는 한 잎의 낙엽은
떠나가는 누군가의 맑은 눈물이다.

15세기 스페인 안달루시아 지방에서 기독교인들에 밀린 유대인들이 떠나며 불렀던 노래 가사에 훗날 누군가 베르디의 오페라 라 트라비아타 제3막 비올레타의 아리아 〈아, 지난날이여〉 멜로디를 입힌 것이다.

Tu madre kuando te pario
i te kito al mundo
korason eya no te dio
para amar segundo.
korason eya no te dio
para amar segundo.

Adio, adio kerida

no kero la vida,

me l'amagrates tu.

Adio, adio kerida

no kero la vida,

me l'amagrates tu.

Va, busakate otro amor,

aharva otras puertas,

aspera otro ardor,

ke para mi sos muerta.

aspera otro ardor,

ke para mi sos muerta.

Adio, adio kerida

no kero la vida,

me l'amagrates tu.

Adio, adio kerida

no kero la vida,

me l'amagrates tu.

당신이 어머니의 뱃속에서
세상에 나올 때
당신은 심장을 받지 못했어
다른 사람을 사랑할
당신은 심장을 받지 못했어
다른 사람을 사랑할

안녕, 안녕 내 사랑
살고 싶지 않아요.
당신 때문에 괴로워요.
안녕, 안녕 내 사랑
살고 싶지 않아요.
당신 때문에 괴로워요.

가세요, 다른 사랑을 찾아서.
다른 문을 열어봐요
다른 사랑을 기다려요,
내게 당신은 이미 죽었어요.

다른 사랑을 기다려요,
내게 당신은 이미 죽었어요.

안녕, 안녕 내 사랑
살고 싶지 않아요.
당신 때문에 괴로워요.
안녕, 안녕 내 사랑
살고 싶지 않아요.
당신 때문에 괴로워요.

몸짓으로만 앉아있는 새
-Debussy : Arabesque No.1 and No.2

비행기가 날아간 하늘에 구름이 떠 있습니다
떠나는 사람들을 따라 나온 길
한창 공중에 머물다 흩어집니다
작은 새가 나무를 쳐다봅니다
새의 눈에 가득 찬 지평선
한 번 눈을 깜박였을 뿐인데
새의 몸은 낯익은 흔적입니다
파르르 떠는 나뭇가지에 몸짓으로 앉아있는 새
수평선과 나란히 몸뚱이 절반은 하늘이 비었고
절반은 울음 속이 비어 발톱만 남은 새가
빵 냄새를 풍깁니다.
앵두꽃 지는 소리가 들렸을까요
새의 빈 몸뚱이를 뭉게구름이 지나간 것일까요
둥둥 떠다니는 삶보다 오래 머무는 외로움이
숨소리만큼의 상처에도 빨갛게 익어갑니다
나무의 키 밖으로 벗어나는 잎새와 잎새
새가 앉았다 간 자리가 서로 뜨겁게 멀어집니다

-시 『외롭다』 전문

드뷔시는 음악은 규칙을 만드나 규칙은 음악을 만들지 못한다고 했다. 그만큼 그의 음악은 종래의 음악적 구속에서 벗어나 귓가에 닿는 공기의 순간적인 느낌을 곡으로 옮겼다. 아라베스크 1번은 1891년에 작곡된 1-2번 세트의 작품으로 드뷔시의 초기 곡이다. 그중 1번은 청중이나 연주가 모두 선호하는 인기 작품이어서 영화에도 나온다. 영화 스파이더맨의 Far From Home에서 피터 파커와 그의 반 친구들이 프라하의 한 호텔에 들어설 때 피아노로 잠깐 연주된다. 그가 20대 중반에 쓴 곡이지만 아라베스크는 드뷔시의 인상주의가 주는 것이 무엇인지를 깨닫게 해주는 중요한 곡이다.

곡은 E장조로 출발하여 첫 번째 아라베스크는 피아노의 위 옥타브에서 일렁이는 잔물결의 삼합 주제로 시작해 스케일을 좔좔 떨어뜨리면서 곡은 보다 큰 규모의 섹션으로 진입한다. 아라베스크의 주된 기법은 아르페지오로 모두 그 형태와 크기가 다르게 들린다. 피아노가 이 작품의 전경으로서 아르페지오로 일렁이는 물결을 공간 가득 채운다. 대부분의 드뷔시 작품들이 그렇듯 아라베스크에서 5음계를 사용하는 것처럼 근음이 없는 모달화음을 자주 사용한다. 보다 조용한 중간 섹션이 나타나고 곡은 토날화음으로 돌아가 E장조로 다시 시작하면서 드뷔시는 A장조에서 과감하게 C장조로 변조를 하는데, 전위된 메인 주제가 곡에 새로운 안정감을 불어넣는다. 그리곤 이 곡의 홈 키인 E장조로 오픈 음형이 재등장하여 아라베스크 1번은 조용히 종결부를 맞는다.

끌로드 드뷔시는 1862년 프랑스의 한 가난한 가정에서 태어났지만 음악 공부를 못할 만큼은 아니었다. 11세 때 파리의 음악학교에 입학하여 피아노를 배웠다. 그는 음악에 새로운 생명을 불어넣은 역할로 19세기 음악사에 있어서의 조용한 혁명으로 기억되고 있다. 인상주의란 말은 보통 이 시대의 음악 사조를 말하는데 그 뿌리는 끌로드 모네의 회화에 두고 있다. 인상주의는 처음엔 모네의 작품 〈인상, 해돋이〉를 조롱하기 위해 쓴 말이었다. 음악에서 인상주의는 주로 조화와 색감의 톤에서 받는 느낌과 감각 그리고 인상을 일깨우는 것을 목표로 하는 작곡법에 대한 접근이다.

따라서 인상주의 음악은 프로그램 음악과 유사하지만 내면의 깊은 정서와 인상을 표현하는 것보다는 단순하고 찰나적인 느낌을 표현한다. 그래서 드뷔시의 음악은 모호한 분위기의 음악으로 묘사되기도 한다. 음악에 인상주의 스타일을 도입하기 위해 드뷔시는 강한 신념을 가지고 그것을 계속 견지해야 했다. 그는 음악적 환경과 기존의 작곡법에 반대하는 글을 길게 썼다. 평행화음과 반음계적 기법을 회피하는 등의 전통적인 작곡법의 배경에 의문을 표시했다. 심지어 그는 협화음보다 미스터리한 것은 없다고 하면서 협화음과 불협화음에 대한 의문을 제시했다.

모든 이론에도 불구하고 기존의 것이든 새로운 것이든 아직 확신하지 못하는 것은 첫째 왜 협화음이어야 하는지, 둘째 왜 다른 화음들이 불협화음이란 오명을 뒤집어써야 하는지 물었다. 드뷔시는 전통적인 음악의 특성에 대하여 이 같은 것들에 의문을 갖고 분명하고 귀에 닿는 공기 같은 새로운 음악을 만들어낸다. 이런 점에서 아라베스크 1번을 들어보면 작곡자나 연주가들이 모두 이러한 아이디어들을 어떻게 적용하는지를 알 수 있다.

슬픈 멋쟁이
-슈베르트 네 손을 위한 알레그로 A단조 Op.144

금방 끊어질 것 같은 벼랑의 밧줄에 매달려
인생을 논하는 슈베르트를 생각한다.
허물어져 내리는 육체 속에 숨긴 눈빛과
욕망의 경계에서
그는 굴복의 무게를 자신으로부터 밀어낸다.
멈추지 마라, 가녀린 맥박이 자라
한 평의 정신이 세상을 지배할 때까지
멈추지 마라 슈베르트,
핏줄을 벋어 올리는 팔딱이는 심장을.

스트라빈스키가 날카로운 멋쟁이라면,
라벨이 세련된 멋쟁이라면 슈베르트는 슬픈 멋쟁이다.
슈베르트의 네 손을 위한 피아노곡 알레그로 a단조 OP.144는 그가 죽기 6개월 전에 작곡한 곡으로
'인생의 폭풍'이란 부제가 붙여져 있다.
교향곡 C장조 Great와 미사곡 E플랫 장조 사이에 쓴 곡으로 평소의 슈베르트 같지 않은, 자신의 불행한 삶과의 투쟁 의지가 강렬하게 들어있다.

혈관을 타고 들어오는 음악
-Ulysses Simpson Kay: Markings

최근 구입한 음반들을 만지작거리며 놀고 있다.
아무도 거들떠보지 않아 값싼 음반을 가져왔다.
턴테이블에 올리고, 바늘을 내리고…
값싸게 구입한 값비싼 평화가 귀가 아닌
혈관을 타고 몸 구석구석 밀려온다.

미국의 신고전주의 작곡가이자 음악교육자인 율리시즈 케이 (1917~1995)는 흑인으로 재즈 음악가 집안에서 태어났지만 바이올린과 피아노를 배우면서 클래식을 전공했다. 1958년 미국 음악인으로선 처음 소련을 방문했고 아프리카의 평화를 염원하는 음악과 케네디 추모곡을 쓰는 등 음악 외에 세계평화에도 관심이 많았던 음악가였다.

MARKINGS, 이 심포닉 에세이는 율리시즈 케이가 아프리카의 평화를 위해 평생 헌신한 다그 함마르셸드에게 헌정한 곡이다. 함마르셸드가 세상을 뜬 후 그가 남긴 원고 유품들 가운데 이 세계적인 인물에 대한 새로운 면모를 알 수 있게 해주는 메모들이 발견되었다. 철학적 명상과 사색적인 아이디어들로 이루어진 이

메모들은 1964년 markings라는 타이틀로 출판되자 케이는 그를 추모하는 의미에서 이를 음악으로 작곡하게 된다.

마킹스는 5개의 악장 혹은 5개 부분으로 나누어진 교향시인데, 악장을 따로 구분하는 것이 아니라 템포가 변하면서 계속 이어지는 곡이다. 주제적 요소들이 순열처럼 이어지면서 펼쳐진다. 곡 전체를 지배하고 있는 애상 무드는 긴장감과 묘하게 대조를 이루며 전개된다. 곡의 곳곳에서 각각의 악상과 그의 장기인 풍부한 오케스트라의 색채감이 매끄럽고 절묘하게 통합된다. 이는 주제의 범위를 벗어나지 않는 법위 내에서 리듬의 변화를 드러나지 않게 하는 교묘함이다.

음악의 횡재
-Conrad Paumann: Mit Gantzen Willen

중고 엘피점에 들러 오래된 판 하나를 샀다.
단돈 3천 원, 아무렇게나 집에 가지고 와 꺼내 보니
15세기의 르네상스 시대 음악이다.
이 음반과 같은 연주는 인터넷, 유튜브에 없다.
음질도 70년대 음반이지만 요즘 녹음만큼 좋다.
음악이란 참 묘한 것이다.
지금의 귀로 5백 년 전의 음악을 듣는데 새롭다.
과연 음악은 발전하고 있는 것인가?

1401년 남부 독일의 뉘렌베르그에서 태어난 장님 음악가 파우만은 쳄발로와 류트를 연주하고 작곡도 했다. 앞이 보이지 않아 악보를 쓰지 않았고 그의 곡들은 즉흥적으로 연주되어 훗날 채보된다.

* 레베크 - 5도 간격의 3줄의 현으로 된 중세 시대의 현악기
* 리코더 - 피리
* 아리쉬 하프 - 켈트족의 하프, 일반 하프 크기의 절반
* 자르브 - 한쪽에만 가죽이 붙여진 페르시아 전통 타악기

『영감은 게으른 사람에겐 잘 찾아오지 않는 손님이다.』

-표트르 차이코프스키

빵 냄새가 나는 음악

-Vivaldi Concerto in A major for Guitar, Strings and Continuo 2nd Mvt

가을이 버리고 간 거리의 낙엽들은
멀리 잊혀진 악보 위 바로크의 음표들처럼
쓸쓸하고 적막하다.
저 낙엽들에겐 이제 아무런 형식이 없다.
햇빛과 물과 공기로부터 자유롭다.

바로크의 작곡가들은 악기를 자유롭게 배치했다.
악기를 고정하지 않고 필요에 따라
바꾸어가며 작업을 했다.
비발디의 곡에서나 바흐의 곡들에서
자신들의 스타일대로
정교하게 곡을 써나간 것을 알 수 있다.
이런 바로크 음악을 들으면
거리의 음악을 듣는 것처럼 마음이 편안해진다.

비발디가 사용하는 밴죠나 기타 같은 악기는
기타와 오케스트라보다 더

류트와 하프시코드의 오리지널 음색에 더 가깝다.
몇 악장만 들어봐도 바로크의 비발디에서
오늘날의 선율이 흐르는 것 같은 느낌을 받는다.
그렇게 그의 음악은 도시의 어디에서도
흔히 들을 수 있다.
현대인들에게 분명 사랑을 받고 있는 것이다.

도시의 무감각한 소음 속에
따뜻한 빵 같은 냄새를 풍기는 거리의 음악을
작은 새 한 마리가 내려와 앉아 듣고 있다.
비발디 콘체르토 A장조 제2악장의 선율은 저 어린 새의 가냘픈
혈관에도 라르게토로 흐르는 것일까?

방랑을 향한 끝없는 향수
-드보르작: 바가텔스 Op.47-1. Allegretto scherzando

열차의 의자에 깊숙이 파묻혀 물끄러미 창밖을
바라보았다.
진눈깨비가 뿌려지고 있었다.
그녀가 떠나간 알 수 없는 이유와
나의 오만한 허탈감이
유리창을 사이로 팽팽하게 대립하는 사이
창밖의 어둠은 내 분노의 배후가 되어
스코틀랜드의 기병처럼
한 걸음 한 걸음 객실 안으로 밀려오고
눈송이가 되지 못한 빗방울은
날카로운 화살처럼 차창에 내리꽂혔다.
어둠 속에선 으르렁거리는 바람이,
온몸이 울음인 바람이 차창에 부서지고
객실 안은 나의 슬픔으로 어두워지고 있었다.
열차의 지속적인 진동음이
어둠 속에서 누군가 부르는 슬픈 노랫소리로
들리고, 열차는 가파르고 거친 내 고독의 절정을

지나 평온한 들판을 달리고 있었다.
그때 나는 보았다 유리창에 흘러내리는
한 줄기의 투명한 바람의 눈물을.
그래, 영동은 바람 안에서 노래의 땅이었다.
노래 밖에서 바람의 땅이었다.
바람과 노래 그 경계에 선 이쪽과 저쪽의
증언자의 가슴엔 허공이 들어서고 얼룩진 달은
뜨고 있었다.
달빛에 퉁퉁 부은 심장이 뛰었다,
드보르자크 바가텔스 알레그레토
스케르잔도, 영원한 방랑자 보헤미안의 맥박으로.

드보르자크의 바가텔은 1878년 5월 초 12일 만에 작곡된 것으로 국제적으로 명성을 얻은 후 잠시 휴식을 하면서 쓴 작품이다. 브람스의 강력한 추천과 독일의 출판업자 짐록의 후원으로 드보르자크는 독일어판으로 모라비안 2중창을 쓰고 피아노 듀엣을 위한 슬라브 춤곡을 위촉받는다. 당시 아마추어 연주가들에게 악보의 출판은 요즘의 음악가들이 녹음을 하는 것과 같아서 명성뿐 아니라 수입과도 직결되는 것이었다. 드보르자크는 출판업자 짐록에게 두 대의 바이올린과 비올라를 위한 바가텔을 쓰고 있는데, 거대한 교향곡을 쓰는 것처럼 즐겁다고 편지를 쓴다.

처음 3악장은 모두 A-B-A 형식의 가요 형식으로 조금 들뜬 듯한 부드러운 서정미를 들려준다. 규모가 큰 반음계의 모험적인 도입부가 E장조의 달콤한 라르게토를 이끌어가고, 보헤미안 댄스풍의 리듬인 스케르초로 A단조가 유려하게 연주되다가 트리오 섹션 부분에서 A장조로 보다 화창하게 변주를 한다. 마지막 부분은 베토벤의 C단조 변주곡을 모방한 스타일로 열광적인 C장조로 끝을 맺는다.

청순한 소년의 정열
-쇼팽: 피아노 트리오 G단조

쇼팽이 소년의 청순한 정열을 바쳐 사랑한 소녀가 있었다.
폴란드 궁정 시종의 딸 콘스탄차 글라주코프스키,
쇼팽은 음악학교 동급생인 그녀를 생각하며
피아노협주곡 2번 F단조의 아다지오와 왈츠 B단조를 썼다.
그리고 사랑을 고백하지 못한 소심한 성격을 나타내는,
우수에 찬 피아노 트리오 G단조를 썼다.
쇼팽이 폴란드를 떠나고,
쇼팽이 자신을 사랑하는 줄을 몰랐던 콘스탄차가
부유한 상인과 결혼을 하면서 두 사람은 다시 만나지 못한다.

프랑스에 정착하면서 쇼팽 하면 피아노의 시인으로 불릴 만큼 피아노곡들을 압도적으로 많이 썼다. 잘 알려지지 않은 보석 같은 곡엔 그의 피아노 소나타도 아닌, 피아노 소품도 아닌, 피아노협주곡도 아닌 피아노 트리오 G단조가 있다. 아마도 많은 분들이 왜 이런 곡을 이제야 알게 되었나 할 만큼 감상적이고 우수에 차면서도 아름다운 곡이다.

쇼팽의 이 피아노 트리오는 사람들이 말하길 덜 성숙한 작품이라 한다. 그것은 1828년 2월 쇼팽이 18세 생일 이전에 이 곡을 쓰기 시작한대서 온 말이다. 당시 쇼팽은 바르샤바 컨서바토리 3년제 뮤직코스의 2학년이었고 그의 스승 요셉 엘스너의 날카로운 지도 하에 작곡 공부를 하고 있었다. 1827년에 쓰인 이 트리오와 피아노 소나타 OP.24를 보면 그가 피아노의 자연스러운 서정미를 구속하는 고전적 형식의 구조에 대하여 얼마나 불편해했는지를 알 수 있다. 즉 그는 이 트리오에 형식을 배제하고 콘스탄차를 향한 자연스러운 사랑의 감정을 넣고 싶었던 것이다.

이런 환경 속에서 작곡된 이 트리오는 오히려 이제까지의 형식으로부터 반기를 든 돌발적인 작품으로 해석된다. 쇼팽은 베를린에 직장 일로 가 있던 아버지를 방문하고 돌아오는 길에 포츠난을 지나면서 자신의 초기 작품들에 깊은 관심을 갖고 있던 안톤 래치윌을 찾는다. 재능 있는 첼리스트기도 하면서 작곡가였던 래치월은 쇼팽의 미완성인 피아노 트리오에 나타난 이런 저항적 분위기를 간파하고, 고전 형식에 충실하도록 조언하기보단 그의 새로운 감각을 높이 사 1829년 초 이 작품을 완성하도록 쇼팽에게 용기를 불어넣었다.

쇼팽은 이 작품을 래치월에 헌정하였지만 1악장을 보면 첼로보단 오히려 피아노가 전체적인 악장을 지배함을 알 수 있다. 제1악장에서 쇼팽은 3가지의 주제를 채용하여 음악의 형식을 자유롭게 만들어 간다. 그는 실제로 여러 곡을 발표하면서도 오랫동안 G단조를 고수했다. 하지만 재현부에 이르러선 3번째 주제가 갑자기 D단조로 바뀌면서 확장된 코다로 하여금 주 조성을 다시 한번 확인하게 한다.

쇼팽은 음악이 추구하는 궁극의 목표는 단순함이라 했다. 연주가가 아무리 방대한 악보를 연주했다 하더라도 연주가 끝난 다음에 청중들로부터 환호를 받는 것은 단순함이라고 한 것처럼 이 곡은 단순한 서정의 공기가 느껴진다.

잊혀지기엔 너무 억울한 곡
-훔멜: 피아노협주곡 2번 A단조

서양 음악에서 작품의 완성도에 비해 저평가되는 작곡가들이 있다. 대표적으로 훔멜과 비오티다. 훔멜은 1778년 오스트리아의 프레스부르크(현 슬로바키아의 수도 브라티 슬라바)에서 태어났다. 모차르트보다 22년, 베토벤보다 8년 연하다. 그는 모차르트처럼 신동이었으나 뛰어난 피아니스트로 더 잘 알려졌다. 그가 남긴 피아노협주곡을 비롯해 여러 곡들은 고전에서 낭만으로 넘어오던 시기의 부드럽고 달콤하며 애상에 젖는 곡들로 우리의 정서에 잘 맞는 곡이지만 선배 모차르트와 베토벤에 가려 빛을 보지 못한 불운한 음악인이었다.

우리나라 음악인 중에도 실력에 비해 저평가되거나 잘 알려지지 않은 음악가들이 있다. 모차르트에 특화된 바이올린의 김영욱이 그렇고 해외에서 인정받는 이화여대 교수 장혜원 피아니스트가 그들이다. 1398년생인 장혜원 피아니스트는 독일 프랑크푸르트 국립음악대에서 레오폴드에게 사사하고 유럽에서 두루 연주를 한 후 이화여대에서 서혜경 이혜경 등 여러 피아니스트를 길러내고 유럽의 각종 피아노 경연대회의 심사를 맡기도 했다.

1968년 우리나라 이화여대 강당에서 세기의 바이올리니스트 루지에로 리치의 내한 공연이 있었다. 이 무렵 프랑코 코렐리, 스테파노 등 굵직한 유럽의 성악가들이 이대 강당을 다녀갔다. 이때 이들의 반주는 모두 장혜원 교수가 맡았다. 유명 음악가들은 연주 여행에 자신의 전속 반주자를 동반하지만, 장혜원이 피아노 반주를 했다는 것은 그녀의 위상과 실력을 가늠할 수 있다.
이와 관련한 재미난 에피소드가 있는데, 공연 도중 전기가 나간 사건이었다. 리치가 한참 연주를 하고 있을 때 갑자기 정전사태가 발생한 것이다. 그러나 리치는 깜깜한 어둠 속에서 한 치의 흔들림 없이 연주를 끝까지 해냈다. 청중은 놀라움으로 고요했고, 리치의 바이올린은 어둠 속에서 튀어나온 고양이가 날카로운 울음으로 청중들의 가슴을 할퀴고 사라지는 특별함이었다. 그때의 장혜원 교수와의 인연으로 세기의 대가, 파가니니의 재래라 불리던 리치는 장혜원 교수와 함께 1970년 바이올린 소나타 음반을 내고, 이후 코렐리, 스테파노 등의 피아노 반주를 더 하게 된다.

장혜원 교수가 부다페스트의 방송관현악단과 함께 훔멜의 피아노 협주곡 A단조와 B단조를 녹음하여 엘피와 CD로 발매한 것이 명연주 명반이란 평을 듣는다. 일본의 카메라타, 독일의 텔레풍겐, 홍콩 레코드사에서 활발한 녹음 활동을 한 알려지지 않은 우리의 보배 같은 피아니스트다. 그녀의 터치는 브렌델의 부드러움과 폴리니의 명확한 섬세함을 섞어놓은 듯하다.

우아하고 감상적인 왈츠
-Ravel: Valses nobles et sentimentales

라벨의 연애는 음악과의 연애 단 하나뿐이었다. 그는 음악을 느꼈다. 그에게 음악은 첫째가 정서적인 것이고 지적인 것은 그다음 문제였다. 늦은 오후 창밖엔 라벨의 느낌처럼 눈이 우아하고 감상적으로 내린다. 라벨의 왈츠 같다. 문득 음악과 관련된 재미있는 이야기가 떠오른다.

라벨의 우아하고 감상적인 왈츠가 1911년 피아노곡으로, 조금 후에 관현악곡으로 연주될 때 프로그램에 곡명이 표시되지 않았다. 청중들이 작곡자가 누구인지 알아맞히는 것이었다. 사람들에게 종이를 나눠주고 거기에 작곡자의 이름을 쓰도록 했다. 쪽지를 모두 거두고 보니 대부분의 사람들이 모차르트라고 썼고, 일부는 베토벤의 이름을 적었고, 요한 스트라우스라고 쓴 사람들도 있었다. 라벨을 알아맞힌 사람은 몇 안되었다. 그렇다면 그 당시 정확한 음악적 지식을 가지고 작곡자를 판별해내는 사람들이 얼마나 됐을까? 클래식 음악에 대해선 오늘날의 사람들이 옛날보다 더 무지하다고 생각되기 쉽지만, 아니다. 지금 사람들이 음악에 대하여 광범위하게 더 많이 알고 있다.

또 다른 우스운 이야기가 있다. 스트라우스가 그의 왈츠 한 곡을 초연하면서 곡의 이름을 정하지 않았으니 청중들에게 음악을 들은 후 곡명을 지어달라고 말했다. 라벨 때와 마찬가지로 청중들은 왈츠를 듣고는 기발한 제목들을 적어 모자에 모아 제출했다. 스트라우스는 그중 하나를 집어 꺼냈다. 거기엔 '악마나 가져가라'라고 쓰여 있었다. 사람들은 황당해하며 다시 뽑으라고 했다. 그러나 스트라우스는 약속은 약속이므로 그 왈츠의 이름을 'Devil Take It Waltz'로 부르겠다고 했다. 사실 이 곡엔 악마와 관련된 요소는 아무것도 없지만, 당시 유럽에 왈츠가 유행했을 때 바람을 피운 남녀들이 많이 생겨 왈츠에 대한 좋지 않은 세간의 평이 있지 않았나 생각된다. 오늘날 푸른 도나우강의 왈츠로 알려져 있는 곡이다.

3대 비극의 아리아
-바그너: 트리스탄과 이졸데

그의 미소는 이렇게 부드럽고 조용한데,
그의 눈빛은 이렇게도 깊고 그윽한데,
그대 보고 있는가, 그대 보이지 않는가?
그가 이보다 더 밝아 보일 때는 없었어,
하늘 높이 솟아올라,
별들은 그를 에워싸고 반짝이는데,
그대 보이지 않는가,
그의 가슴이 자랑스럽게 부풀어 오르는 것이?
맥박이 그의 심장 속에서 힘차게 뛰는 것이?
그의 입술은 이토록 촉촉하고 부드러운데,
달콤한 숨결은 가슴을 뛰게 하는데,

보라 친구들이여!
그대는 보이고 느껴지지 않는가 그것이?
나 혼자서 이 멜로디를 듣고 있다네,
이토록 신비스럽고 그윽한,
행복이 넘치는 탄식 속에 모든 걸 간직한,

부드럽게 용서하는 그의 노래가,
내 몸을 뚫고 하늘로 올라,
즐겁게 메아리치며 나를 감싸고 울리지 않는가?

더욱더 뚜렷하게 메아리쳐서,
내 주위에 떠다니는 소리,
소리들은 상쾌한 바람결인가,
하늘나라의 향기로운 구름들인가?
그 소리들은 나를 에워싸고 부풀어 오르고 커지는데,
나는 그것들을 들이마셔야 하나,
듣고 있어야만 하나?
한 모금씩 홀짝홀짝 마시며 소리 안에 안겨 들어가,
달콤한 향기 속에 스러져야 하나?
부풀어 오르는 향기 속에, 울려오는 소리 속에,
광막하게 밀려오는 대지의 숨결 속에,
풍덩 빠져 가라앉아 의식이 꺼져가는 이 행복이여!

바그너의 오페라 트리스탄과 이졸데의 마지막 장면에서 이졸데가 부르는 아리아다. 유럽의 3대 사랑의 비극 하면 글룩의 오르페우스와 에우리디체, 섹스피어의 로미오와 줄리엣, 영국 켈트족 설화의 트리스탄과 이졸데일 것이다. 설화가 그렇듯 전하는 사람에 따라 이야기가 조금씩 다르다. 이 이야기는 책으로, 바그너의 오페라로, 영화로 전해진다.

영국과 아일랜드엔 앵글로 색슨족이 들어오기 전 켈트족이 오랫동안 살고 있다가 로마제국의 지배를 받는다. 로마가 쇠퇴하고 물러가자 영국은 여러 부족으로 나뉘고 서쪽 아일랜드로부터 잦은 위협을 받는다.

영국의 한 부족인 로누와의 왕자 트리스탄은 유복자로 태어나자마자 모친마저 잃고 외삼촌 콘월 왕국의 왕 마크 아래서 기사로 자란다. 영국의 웨일즈 지방 콘월 왕국은 바다 건너 아일랜드 왕으로부터 조공 압력에 시달리고, 트리스탄은 아일랜드로 잠입해 미래의 적 몰오르트 장군을 살해한다. 몰오르트와의 싸움에서 독이 발린 칼에 찔려 해변 가에 쓰러져있는 트리스탄을 아일랜드 왕의 딸 이졸데가 치료해주고 트리스탄은 무사히 영국으로 귀환한다.

믿는 장군을 잃은 아일랜드 왕은 영국 콘월 왕에게 화친을 요구하고 자신의 딸 이졸데와 콘월 왕 마크의 정략결혼을 추진한다. 트리스탄이 삼촌 마크 왕의 명령으로 이졸데를 아일랜드로부터 수행해 오는 배 안에서 이졸데는 트리스탄이 몰오르트를 살해한 것을 알고는 적개심에 불타오른다. 몰오르트는 아버지의 심복이었을 뿐 아니라 그녀의 약혼자였던 것이다.

이졸데는 트리스탄과 함께 죽으려고 하녀에게 차에 독을 넣으라고 한다. 그러나 하녀는 이졸데를 죽게 할 수는 없어 독약 대신 사랑의 묘약을 탄다. 이졸데와 트리스탄은 뜨거운 연인 사이로 발전하고 궁에서의 비밀 애정행각이 탄로가 나자 두 사람은 숲속으로 도피를 한다. 숲속에서 7년을 숨어 지내다 왕에게 붙잡혀 이졸데는 왕실로 복귀하고 트리스탄은 국외로 추방된다. 제3국에서 능력을 인정받은 트리스탄은 이졸데와 이름이 같은 화이트 이졸데와 결혼을 하고 승승장구한다. 그러나 트리스탄은 연인이었던 옛 이졸데를 잊지 못한다. 급기야 트리스탄은 다른 부족과의 전투에서 큰 부상을 당하고 쓰러지게 된다.

죽음에 직면한 트리스탄은 옛날 해변 가에 쓰러진 자신을 치료해 준 연인 이졸데를 생각하고는 이졸데만이 자신을 살려낼 수 있으리란 생각에 삼촌 콘월 왕에게 사람을 보낸다. 이졸데를 데리고 사신이 돌아오면 배에 흰 돛을, 사신 혼자만 오면 검은 돛을 올리라고 한다. 이졸데와 사신이 흰 돛을 올리고 돌아오지만 질투가 난 아내 화이트 이졸데가 거짓말을 한다, 검은 돛배가 돌아온다고. 트리스탄은 상심하여 마지막 눈을 감고, 이어 도착한 이졸데는 절규하며 트리스탄의 시신 위로 쓰러져 숨을 거둔다.

바그너의 음악을 들으면 상상은 사실을 창조한다. 바그너의 음악에 등장하는 모든 것은 그 자체 내부의 필요에 의해 생명을 얻고 존속한다. 그것은 바그너가 말했듯 그 자체로 자연의 필요성이다.

쇼팽의 이별과 마주르카
-쇼팽: 마주르카 Op.64-4

'당신이 병들고 그처럼 불행한 상태에서 상드에게 버림을 받았다는 것이 무척 괴로워요. 니스의 따뜻한 우리 집으로 와서 지내는 것이 좋겠어요.'

쇼팽은 델피나 포트카란 여인으로부터 편지 한 통을 받는다. 델피나는 쇼팽이 상드를 만나기 전부터 아는 사이로서 쇼팽에게 잠시 레슨을 받은 적이 있었던 피아노 연주가 겸 가수로 파리 사교계의 뛰어난 미인이었다. 공식적으로 쇼팽과 델피나가 연인 사이였다는 것은 확실하게 밝혀지진 않았지만 마지막 편지에 이렇게 쓰여 있었다. 그리고 쇼팽 사후 쇼팽이 델피나에게 쓴 여러 장의 편지가 발견된다.

델피나는 폴란드의 귀족 가문 출신으로 뛰어난 미모와 지성, 아름다운 목소리를 가진 낭만주의 여성의 전부였다. 발랄하고 강인한 델피나는 신이 폴란드 여성에게 주는 모든 것을 겸비한 여인이었다. 19세에 결혼해 방탕한 남편과 사교계의 허영 사이에서 아름답게 타락해가던 그녀는 '내게 저 달을 따 줘요, 얼마나 맛있는 과자

맛이 나는지 알고 싶어요.'라는 말을 할 만큼 도도한 여인이었다. 1836년 델피나는 쇼팽의 제자가 되었으나 소심한 쇼팽은 그녀의 준엄한 눈과, 사랑과 애욕의 찬미자 같은 입술 사이에서 헤맸다. 그리고 파리 사교계의 여왕이며 작가인 상드의 적극적인 구애에 끌려 쇼팽과 상드는 10여 년의 연인 생활을 했던 것이다.

마주르카 작품67의 4번은 그가 1849년 세상을 떠나기 몇 개월 전에 쓴 곡으로 연주되지 못한 유작이다. 이 곡은 쇼팽의 모든 마주르카들 중에서도 가장 아름다운 곡이다. 묘하게 우울한 감미로운 가락이 귓전을 맴돈다. 쇼팽은 폴란드의 3/8박자의 빠른 민속 춤곡인 마주르카를 3/4박자의 피아노곡으로 작곡했다. 장조와 단조가 혼합된 음계 위에 조성이 불분명하고 신비로운 인상을 주는 곡이다. 이는 종래의 상투적인 리듬을 버리고 다양한 리듬과 증3도와 3도의 새로운 화성 기법을 사용함으로써 이국적인 느낌을 갖게 한다. 이때는 쇼팽의 절망적인 건강 상태와 연인 조르쥬 상드에게서도 버림받은 시기로 옛사랑에 대한 슬프고도 아련한 추억의 선율이 그의 마음속에서 출렁거렸을 것이다.

7과 13
-Franz Danzi: Quartet for flute, violin, viola, cello D major Op.56

서양 사람들은 7을 행운의 숫자로 여긴다.
프란츠 단찌 이야기다.

그는 1763년 6월 15일 독일 슈베칭겐 (만하임이라는 설도 있음)
에서, 이탈리아인을 부모로 모차르트보다 7년 뒤, 베토벤보다 7년
앞서 태어나 브람스가 태어나기 7년 전 서양에서 가장 좋지 않게
여기는 숫자 13, 1826년 4월 13일 카를스루에서 사망한다.

단찌가 태어나고 죽기까지
세 번의 일곱 해엔
무슨 바람이 불었을까
프랑스혁명 이후 불어 닥친
새로운 바람을 그들은
서로 다른 방향에서 기다리고 있었다.

단찌는 프랑스 혁명이 가져온
인간의 가치에 집중했다.

단찌의 당대엔 그의 부드럽고 달콤한
음악은 많은 사람들의 사랑을 받았다.
단찌는 음악에 대하여 더 생각해야 했었다.
음악은 그것에 대하여 이야기하는 것이지
그 안에 들어가 사는 것이 아니기 때문이다.

단찌의 이 사랑스런 음악을 어찌할 건가. 그것을 분석하고 문자로 쓰기엔 별개의 감정을 가지고 있지 않음을 탄식한다.
다만 꽃을 바라보듯 턴테이블에 올려 빙글빙글 돌려놓고 듣고 있을 뿐이다.

종달새의 노래
-차이코프스키: Song of the Lark

인적처럼 서 있는 늙은 나무 아래는

오래된 저녁이 인기척으로 오는군요

그렇군요

사람의 흔적과 자리를 바꾸고

사람을 향해

복받쳐 오르는 나무의 나이테

수십 년이 지나서야

그렁그렁 울음에 닿았군요, 그랬었군요

-시 『외로움에 대하여』 부분

검은 살구나무에 새가 앉아 운다.

나무는 이미 구부러졌고

새가 울 때마다

눈물 같은 꽃봉오리가 맺힌다.

이 곡은 종달새의 노래와 관련된 음악이다. 종달새는 중간 크기의 새로 다른 어느 새보다 우아하고 아름다운 울음소리를 갖고 있다. 새의 크기로 보아 보통 음악에서 높은 음계의 음으로 묘사한다. 그리고 종달새는 신화적으로 문학적으로 새벽을 여는 새로 알려져 있다. 그래서 이 곡은 아침의 깨끗한 공기 속을 뚫고 들려오는 종달새의 노래를 듣는 느낌을 준다. 이 신선한 느낌은 곡의 단순한 하모니의 구성에서 오는 것이며, 종달새의 울음을 묘사하는 1박 3연음의 꾸밈음 동기를 종종 사용한다.

차이코프스키는 영감은 게으른 사람에겐 잘 찾아오지 않는 손님이라고 하면서 결백하리만큼 부지런했다. 언제라도 그의 귀에 들려오는 것들은 모두 악보에 묘사를 했다.

봄처녀
-Francis Poulenc: Sonata for Flute and Piano

이른 봄 아직 바람결은 차지만
방안에 구르는 게으른 햇살 속에
풀랑크의 플루트 소나타, 겨우내
잠들어 있던 봄의 선율이 깨어난다.
사람의 감정을 튜닝하는 느린 악장은
기억 속의 봄과 미지의 봄을
하나로 이어주는 오늘의 선물이다.

작은 노래라는 뜻의 칸틸레나 주제가
전 악장을 지배한다.
풀랑크가 즐겨 쓰는 주제 중 하나다.
직설적이면서도 가볍게 살랑거린다.
제임스 골웨이의 플루트,
이 칸틸레나는 봄의 처녀처럼
가만가만 안겨온다.
아무에게도 알려지지 않았다는 것이
누구도 들어본 적이 없는 곡으로
그대로 있었다는 것이 너무나 사랑스럽다.

예언적 스타일의 음악
-Guillaume Lekeu(기욤 르퀴): Violin Sonata G major

벨기에 출신으로 파리에서 세자르 프랑크에게 공부한 르퀴는 1894년 24세 때 장티푸스로 사망했다. 기욤 르퀴의 음악적 구성의 특징은 스승 프랑크와 흡사하며, 사티와 밀 하우드의 예언적 스타일이 느껴지는 그의 작품들은 전체적으로 우울한 분위기를 띠고 있다.

1892년에 완성된 르퀴의 바이올린과 피아노를 위한 소나타 G장조는 곡의 첫 도입부에 나왔다가 다음의 악장들에 다시 등장하는 메인 주제가 순환되는 구성을 취하고 있다는 점에서 그의 스승인 세자르 프랑크로부터 영향을 받았다는 것은 분명하다. 사실 르퀴는 스승인 프랑크의 바이올린 소나를 모델로 삼고는 있지만 첫 주제가 다시 등장함에도 불구하고 소나타가 전개되는 방식은 단순하지는 않다.

우울하고 불안한 감정이 분출하는 반음계적 구성의 곡은 황홀한 극적인 클라이막스를 만들어낸다. 사랑스런 중간 악장의 매우 심플하고 대중적인 주제 선율은 이전 악장과는 극적인 대비를 이루고, 앞선 주제들이 교묘하게 재등장함으로써 멋진 결말을 맺는다. 평소 비판적이었던 드뷔시는 그의 죽음을 슬퍼하며 세자르만큼 재능 있는 음악가가 일찍 사라졌다고 한탄했다.

드라마 모래시계
-파가니니: Sonata for Violin and Guitar E minor No. 6

우리나라 모 대중가요 가수가 이 곡의 선율과 흡사한 노래를 불러
대 히트를 하게 한 파가니니의 숨은 보석 같은 작품이다.
paganini는 그 이름이 의미하듯 작은 이교도..
매부리코, 툭 튀어나온 광대뼈, 움푹 들어간 볼,
더 깊게 들어간 눈,
터무니없이 긴 손가락. 그만큼
긴 검은 머리카락..
괴기스런 이름을 다 붙여도 될 섬뜩한 외모,
매독, 폐결핵, 후두염, 류머티스 관절염, 신경장애 등
종합병원 시체실에서 방금 튀어나온 것 같은 사람이다.
지옥의 깊은 동굴을 울리는 것 같은 그의 연주는,
인간으로선 상상할 수 없는 기교와 함께
악마의 그것으로 인식되는 불행한 천재..
온갖 수식어를 붙여도 부족하게 한다.
오로지 음악만을 사랑하며 평생을 독신으로 지냈으면서도
매독이란 병으로 죽음에까지 이른, 억울해도 너무나 억울한 파가
니니다.

들장미에게
-Edward Macdowell: To a Wild Rose

찔레꽃, 어릴 때 가장 함부로 피던 꽃,

순이 오르면 댕강댕강 끊기던 꽃,

알싸한 그 향기가 뱀의 독을 닮아

사람의 발길이 끊긴 으슥한 곳에

분노처럼 제 몸뚱이에

칭칭 가시를 두르고 이판사판 피던 꽃

에드워드 알렉산더 맥도웰은 잘 알려지지 않았지만 보석 같은 근대 작곡가 중 한 사람이다. 1860년 미국에서 태어나서 유럽에서 공부한 미국 최초의 세계적인 음악가다. 1877년 파리음악원에 입학하여 수학하고 다시 프랑크푸르트 음악원에서 공부한 후 유럽에서 연주가 겸 음악 교사로 활동했다. 1888년 미국으로 돌아와 연주자 및 작곡가로서, 컬럼비아 대학 음악과 교수로서 왕성한 활동을 하다 1904년 마차 사고를 당해 1908년 48세로 세상을 떴다.

그는 2곡의 피아노 작품과 여러 아름다운 피아노 소품들을 내놓

앉는데, 피아노협주곡 2번은 역대 어느 작곡가들의 작품에 견주어도 손색이 없다. 근대를 살았던 작곡가지만 그의 이 작품은 전혀 산만하지 않고 베토벤적인 견고함과 브람스적인 진중함, 그리그적인 서정성을 갖고 있다. 그리고 그의 피아노 소품 To a Wild Rose(들장미에게)는 모리스 라벨을 듣는 것처럼 감각적인 인상이 충만한 곡이다.

장난꾸러기 연주가와 헨델
-헨델: 미뉴엣 G단조

음악가들 중 장난을 잘 칠 것 같은 사람을 생각하면
작곡가들이 먼저 떠오르지만
실제로는 연주가들이 더 장난을 친다.

작곡가 헨델은 성격이 급하기로 유명했는데
그가 싫어하는 것 중 하나가
오케스트라 단원들이 조율하는 소리를 듣는 것이었다.
그러므로 그가 도착하기 전에
오케스트라 단원들은 튜닝을 미리 마쳐야 했다.

어느 날, 한 장난꾸러기가 헨델이 들어오기 직전에
조율된 악기들을 살짝살짝 만져놓았다.
결과는 끔찍했다.
악기들이 조율이 맞지 않아 리허설은 엉망이 되고 말았다.
주먹다짐이 오고 가는 싸움판이 벌어졌다고 한다.
그 뒤로 헨델은 단원들의 악기 튜닝하는 소리를 인내해야만 했다.

헨델의 미뉴엣 G단조는 고요하고 잘 정리된 느낌을 준다.

순수한 사랑
-베토벤: 엘리제를 위하여

베토벤의 사랑뿐만 아니라 그의 작품과 사랑과의 관련에 대해서도 알려진 게 거의 없다.

가장 믿을 만한 정보는 그의 제자 페르난드 라이스의 이야기인데, 베토벤이 젊은 시절 가끔 사랑에 빠진 적이 있었지만 대체로 잠깐씩이었다고 한다. 한번은 어떤 예쁜 여인과 깊은 관계를 맺고 있었으며 7개월 이상 그 여인의 사랑의 노예가 된 적이 있었다고 베토벤으로부터 직접 들었다고 했다. 젊은 시절 사적으로 누굴 만났다는 이야기는 가끔 있었지만 1795년 12월 하이든이 마련한 갈라 콘서트에서 자신의 피아노협주곡을 연주하던 때를 제외하곤 30대 시절이 다 가도록 베토벤은 공식적인 자리에 참석하는 일은 거의 없었다.

베토벤이 살롱에서 연주 활동을 하는 동안 주요 관심사는 피아노 음악이었다. 그의 1790년대 주요 작품들은 두 개의 협주곡과 열 개의 피아노 소나타와 피아노가 주가 되는 실내악곡들이다. 모차르트와 하이든이 베토벤의 롤 모델이었지만 그는 처음부터 기존의 룰을 타파하고 자신만의 음악을 발전시켜갔다. 그의 독창적인 것들 중 하나는 이른바 음악적 농담이라고 하는 유머러스하고 활기찬 스케르초였는데 이는 그의 여러 작품들의 빠른 악장들에 자주 사용되었다. 소나타 비창 같은 작품들에도 베토벤만의 고유한 악장들이 나타나는데, 폭풍이 몰아치는 악장은 극적인 대비를 강조하면서도 서정적이고 깊게 가라앉는 아다지오로, 인간의 언어로는 묘사할 수 없는 시적인 작품들을 만들어냈다고 베를리오즈는 극찬했다. 그의 아다지오는 너무나 심오해서 연주할 수가 없다고 베토벤 전문피아니스트 도로시아 폰 에르트만은 말하기도 했다. 많은 청중들에게 그의 이런 음악은 종교적인 경험과도 같은 것이었다. 베토벤은 청중들의 감정적 반응은 무시했지만 음악가의 성직자 같은 소명이란 믿음엔 같이 했다.

1800년은 베토벤에게 있어서 새로운 세기의 시작 이상이었다. 첫 번째 교향곡을 초연했고 세 번째 피아노협주곡을 완성했다. 하지만 그가 1776년 처음 일시적으로 귀가 잘 들리지 않는다고 했던 그의 난청이 악화하기 시작하는 해이기도 했다. 베토벤은 사람들에게 자신이 귀머거리라고 말할 수가 없어 모든 공식적인 자리를 2년간 피해 왔다고 그의 친구 닥터 웨겔러에게 말했다. 자신이 만약 다른 직업을 가졌다면 견딜 수 있었겠지만, 음악가로서는 치명적인 일로서 누구나 그럴 수밖엔 없을 거라는 것이었다. 그의 귓병의 원인은 알려지지 않았다. 난청은 점점 악화하여갔다. 처음엔 오케스트라를 가까이선 들을 수 있었다. 그러나 조금만 떨어지면 고음 악기들의 소리를 들을 수가 없었다. 그를 잘 모르는 사람들은 베토벤에게 어떤 문제가 있는지를 몰랐다. 그래서 사람들은 귓속에서 계속 울리는 웅웅거리는 소리에 베토벤이 깜작 깜짝 놀랄 때마다 그를 무례하고 변덕이 심한 사람으로 생각했다.

1802년 여름 베토벤이 비엔나 근처의 하인리겐슈타트에 살고 있을 때 그는 스스로 자신의 상태를 검진하고 절망하여 동생에게 이른바 하인리겐슈타트 유서라고 하는 것을 편지로 보낸다. 거기엔 베토벤 자신이 겪고 있는 상황을 잘 모르면서 자신을 적대적이고 사람을 싫어하는 고집불통이라 말하는 사람들은 베토벤 자신에게 얼마나 큰 잘못을 하고 있는지 모른다고 언급했다. 불치의 병을 앓으면서 엉터리 의사들에 의해 악화되고, 나아질 거란 희망 속에 한 해 한 해 사기를 당하고 마침내는 영원히 치료할 수 없다는 절망감에 직면하게 된 지난 6년을 생각해 보라고 하면서, 자신의 곁에 서 있는 누군가는 멀리 플루트의 소리가 들리는데 베토벤 자신은 아무런 소리를 듣지 못하고, 그에겐 목동의 노랫소리가 들리는데 베토벤 자신은 아무것도 들리지 않을 때 얼마나 창피했는지 모른다고 했다. 그런 일들이 자신을 삶의 가장자리로 내몰아 자살하고 싶은 지경에 이르게 했지만 그때마다 자신을 붙잡아준 것은 오직 음악뿐이었다고, 자신에게 주어진 모든 곡들을 다 쓰고 나서 생이 비참하다고 느끼기 전까진 이 세상을 떠날 수는 없을 것 같았다고 덧붙였다.

피아노와 인간의 한계
-리스트: 파가니니 주제에 의한 라 캄파넬라

인간이기를 포기한 음악인이 있다.
인간의 한계에서 탈출해버린
피아노 연주가가 있다.
중국 태생의 피아니스트 랑랑이계.

한 천재 연주가 겸 작곡가가
또 다른 천재 연주가의 주제로 작곡한
라 캄파넬라,
클래식 음악에 관심이 없는 사람들에겐
별일이 아닐 것이다.

랑랑이 연주하는 라 캄파넬라,
현재 세계 몸값 독보적 1위다.
그동안 클래식 분야는 서양의 독무대였었다.

관현악단 단원들이 넋 놓고
그를 바라보는 모습이 재미있다.

랑랑의 기교는 손끝에서 불타올라
그의 영혼을 태우고
청중들의 영혼까지 불살라버린다.
그의 연주가 끝나면
환호의 재밖에 남는 것은 없다.

이 때문에 그의 이 연주를
깊이가 없다고 평하는 사람들도 있다.
그건 청자의 몫이다.
연주가의 기교에 휘둘려
곡의 깊숙한 곳까지 내려가지 못한 자신을 탓할 일이다.

최초의 야상곡
-존 필드: 녹턴 No.2 C단조

존 필드 John Field(1782~1837)는 아일랜드 더블린에서 태어나 모스크바에서 세상을 떴다. 필드는 처음엔 아버지와 할아버지에게서 음악을 배우고 나중엔 런던의 클레멘티에게 배우면서 수업료를 벌기 위해 피아노 조율과 판매 일을 했다. 그의 실력이 급성장하자 1802년 클레멘티는 필드를 파리로 데려가고 다시 독일과 러시아로 데려간다.

필드는 피아니스트와 작곡가로서의 명성을 빠른 시간에 얻고 1803년 러시아에 정착하고 나서 한때 인기 있는 음악교사로 활동한다. 그 후 30년 동안 그는 유럽 전역에서 피아노 연주를 하고 1832년 런던에서 개최된 필하모닉 소사이어티 피아노 콘서트에서 대성공을 거둔다.

그는 처음으로 피아노의 페달을 사용해 음을 지속시키는 방법을 고안해 낸 사람으로 그의 작품엔 페달을 사용하라는 지시어를 쓰고 본인이 직접 연주에서 페달을 사용했다.

필드는 최초의 진정한 피아노의 비르투오소였으며 그의 이런 피아노 스타일과 테크닉은 그대로 쇼팽에게 이어진다. 작곡가로서 필드는 특히 소품들에서 뛰어났는데, 그의 긴 대작에서는 볼 수 없는 생동감 있는 멜로디와 때로는 반음계를 포함한 다양한 하모니가 두드러졌다.

그는 일곱 개의 피아노협주곡과 네 곡의 소나타를 남겼지만 그의 장기는 녹턴과 소품들에 있다. 존 필드는 녹턴이란 음악 장르를 최초로 만든 사람이다.

인간과 사랑에 빠진 물의 요정
-카를 라이네케: 플룻과 피아노를 위한 소나타 Op.167

독일 태생의 카를 라이네케(1824~1910)는 오늘날 여섯 개의 귀한 작품들로 알려져 있으며, 당대에는 피아니스트 겸 작곡가로 명성을 날린, 많은 곡을 쓴 작곡가다. 그가 처음 재능을 인정받은 것은 유럽과 스칸디나비아 지방을 두 차례 여행하면서 덴마크의 궁정 피아니스트로 지명을 받은 일이었는데, 그의 본격적인 이력은 1860년 게반트하우스 오케스트라의 수석 지휘자에 임명된 이후 35년간 지휘자로 활동한 것이다.

라이네케는 슈만과 멘델스존을 알게 되면서 그들에게서 영향을 받았다. 특히 멘델스존의 영향이 많이 남아있는 라이네케의 피아노 작품들은 그의 대표적인 모음곡들이다. 라이네케가 19세기의 화려한 피아노 기법에 끼친 풍부하고 자연스러운 깊이는 그의 플룻(또는 클라리넷)과 피아노를 위한 소나타, OP.167에서 확인할 수 있다. 부제 Undine은 아련한 로맨티즘을 상징하는 것으로, 정통적인 형식을 따르면서도 소나타 형식의 첫 악장부터 나머지 3악장에 걸쳐 이러한 신비스런 느낌이 끝까지 유지된다.

그의 이런 전설적 내용은 예부터 잘 알려진 것으로 로팅, 호프만 등 여러 오페라 작곡가들이 차용하고 있다. 드보르자크의 작품 루살카도 이 이야기에 기반을 두고 있다. 이야기는 작가 프리드리히라 모테 푸케가 신문에 발표한 1811년으로 거슬러 올라간다. 인간과 사랑에 빠진 물의 요정이 사람의 모습으로 변신한다. 요정은 연인으로부터 배신을 당해 다시 물의 요정으로 돌아가고, 마지막엔 연인이 그녀의 품에서 뉘우치며 죽는 내용이다.

이 곡을 들으면 라이네케의 소나타와 관련된 어떤 연상을 떠올려야 하지만 단순히 음악만 듣고는 상상하기가 어렵다. 첫 악장의 알레그로는 줄리어스 베이커가 이야기한 것처럼 제시부가 반복되는 곳에서 알 수 있듯 전통적인 소나타 형식을 충실히 따르고 있다. 문학적인 내용을 만화적으로 쉽게 상상해내기는 어렵지만 피아노가 잔물결을 일으키는 물의 느낌을 주기에 충분하고, 특히 발전부에서 플루트가 수영을 묘사하는 것을 느끼게 하는 등 신비한 묘사적인 느낌을 주는 곡이다.

비엔나 극장에서 온 자자
-레온카발로: 오페라 Zaza, Zaza aus dem Theater an der Wien

토스카니니가 결혼한 지 3년 되던 그의 나이 31세 때의 일이다. 밀라노의 리리꼬 극장에서 레온카발로의 오페라 『자자』를 초연하는데 소프라노 로지나 스톨키오가 주역을 맡는다. 그녀는 카르멘으로 데뷔하고 자자에 출연할 땐 28세의 젊은 나이였으며 당대 소문난 미인이었다.

오페라 제3막을 연습할 때 로지나의 노래를 듣고 토스카니니는
"이거야말로 진짜 예술이야."
극찬을 한다. 본래 여자는 칭찬에 너그럽고, 여자에게 칭찬을 자주 하는 남자는 바람둥이다. 두 사람은 자연스럽게 사랑에 빠지게 된다.

그로부터 4년 후 1904년 푸치니의 〈나비부인〉의 공연이 캄파니니의 지휘로 라 스칼라 극장에서 있었는데 공연 전에 푸치니가 토스카니니에게 자문을 구했다. 토스카니니는 스코어에 문제가 있음을 발견했으나 리허설도 다 끝난 상태여서 별말을 하지 않고 공연은 시작되었다.

청중들의 반응은 신통하지 않았고, 급기야 돌발 사태가 발생한다. 공연 도중 무대에 갑자기 바람이 불어 로지나의 기모노 옷자락이 바람에 펄럭이고 로지나의 배가 노출이 된다. 이때 관객석에서 누군가가 외친다.

"저 불룩한 배를 봐, 로지나는 지금 임신 중이야, 토스카니니 애야."

이어서 야유와 함성이 터져 나오고 객석은 아수라장이 된다. 공연이 참담한 실패로 끝난 것이다.

그 후 토스카니니는 로지나와 함께 부에노스아이레스에서 공연을 마치고 며칠 지나지 않아 둘째 아들을 디프테리아로 잃는다. 아들이 죽는 날도 토스카니니는 극장의 무대에 올라 지휘를 했다. 그리곤 로지나와의 부적절한 관계가 신을 노하게 하여 자신의 아들을 데려갔다고 믿고 로지나와 결별한다.

예부터 아마추어 바람꾼은 가정을 버리지만, 프로 바람쟁이는 가정을 버리지 않는다는 말이 있다. 토스카니니는 음악과 여자 문제에 관한 한 철저한 프로였던 것이다.

멘델스존의 누나
-파니 멘델스존: 녹턴 G단조

아름다운 멜로디가 아픈 마음을 치유해주는 곡이다.
여성은 어쩌면 음악에 있어서 축복받았는지도 모른다.
이처럼 학구적이고 섬세한 피아노곡이 있었던가.
그녀는 누구를 위해 노래하는 것이 아니라
음악을 위해 노래한다.
그녀가 직면했던 사회적 구속의 벽에 반사되는
처절하도록 아름다운 선율 속에서
잊혀져야만 했던 억울한 사람들의 이름이 들려온다.

펠릭스 멘델스존의 누나 파니 멘델스존, 그녀는 대단한 음악적 재능의 소유자로 실내악, 피아노 작품, 합창곡 등을 포함 460이 넘는 곡을 작곡했다. 하지만 당시 사회적 관습은 그녀가 전문음악가의 길을 가도록 내버려 두지 않았고 동생 멘델스존의 조력자와 가정주부로 남게 만들었다. 파니의 작품이 완성도와 음악적 깊이에 있어 그녀의 동생 펠릭스와 동등한 수준에 있었음이 최근에 밝혀졌다.

두 줄기의 바람은 몰아치고
-Vivaldi: Agitata Da Due Venti From 'La Griselda'

두 줄기의 바람이 몰아친다.
무서운 바다에 파도가 일렁이고
겁에 질린 선장은
배가 이미 난파된 것처럼 항해한다.

의무와 사랑 사이에서
나의 심장은 싸우고 있다
저항하지 않고 굴복하는 싸움
절망은 시작되었도다.

비발디의 오페라 『그리셀다』의 1막 마지막 부분에 콘스탄짜가 한 음을 위 아래로 오르내리며 성대의 근육을 떨어서 내는 아질리타 창법으로 부르는 아리아다.

테살리아의 왕 구알티에로는 시민들의 반대에도 가난한 목동 출신 그리셀다와 결혼을 한다. 그리고 딸 콘스탄짜를 낳자 사람들의 눈을 피해 친구이며 아테네의 왕자인 코라도에게 맡긴다. 세월이 흘러 그리셀다가 아들 에브라도를 낳자 사람들은 천한 핏줄인 에브라도를 왕의 후계자로 삼을 수 없다고 하며 반란을 일으킨다. 구알티에로 왕은 그리셀다를 내보내고 시민들이 추천하는 여인을 왕비로 맞아들이겠다고 약속하는데, 그 여인은 코라도에게 맡긴 자신의 딸 콘스탄짜였다. 그때 코라도의 동생 로베르토 왕자를 사랑하고 있던 콘스탄짜는 절망하고, 분노에 찬 노래 '두 줄기의 바람은 몰아치고'를 부른다.

왕비의 자리에서 물러난 그리셀다가 시골의 집으로 돌아와 상심에 젖은 세월을 보낼 때 남편 구알티에로의 신하였던 오토네가 접근한다. 그리셀다에게 몰래 연정을 품었던 오토네는 그녀를 차지하기 위해 시민들을 부추겨 반란을 일으켰던 것이다. 부하들과 사냥을 나온 왕 구알티에로는 그리셀다의 오두막을 지나가다 오토네에게 납치당하는 그리셀다를 구해 궁정으로 데려와 새 왕비 콘스탄짜의 시녀로 삼는다.

그럼에도 오토네가 그리셀다를 단념하지 못하자 구알티에로 왕은 자신이 새 왕비 콘스탄짜와 결혼을 하는 날 그리셀다를 오토네에게 보내겠다고 약속을 한다. 이 말을 들은 그리셀다는 차라리 죽겠다고 울부짖고 구알티에로는 그리셀다를 깊게 껴안으며 다시 왕비의 자리에 앉힌다. 그리고 친구 코라도는 콘스탄짜가 구알티에로 왕의 딸임을 시민들에게 알리고, 콘스탄짜와 로베르토 왕자는 행복한 결혼식을 올리며 오페라는 끝을 맺는다.

『나는 돈을 위해 일하지 않는다. 예술을 위해 일할 뿐이다.』
-마리아 칼라스

블루

귀성길의 달빛

-페데리코 몸포우: musica callada vol.3 no.19 Tranquillo

끝없이 늘어선 전라도 길이

우르르-

뒤따르는 전라도 길로

따라오는 저 달에서 내가

젊어 한때 노숙했던 자리마다

얼룩진 두께로 회색은 쌓일 때, 그때

악몽에게 던져진 밤은 안녕한지

-시『귀성길』부분

해마다 음력 설날과 가을 추석이 오면 고속도로마다 대이동의 물결이 넘쳤다. 누가 부르지 않아도, 가라고 떠밀지 않아도 가만히 차 안에 앉아있으면 마음은 이미 부모님이 계시는 옛집에 도착하고, 몸뚱이는 강물이 바다로 흐르듯 고향으로 떠내려갔다. 길이 막혀도, 고향 가는 몇 시간 안으로 한나절이 흐르고 하룻밤이 흘러도 좋았다. 도로가에 차를 세우고 허리를 펴고 쉬는 사람들, 준비해온 음식을 먹는 사람들을 바라보는 일도, 밖으로 나와 둥근 달을 쳐다보는 사람과 하늘의 풍경도 좋았다.

자동차의 카세트테이프에선 사람을 따라오는 달빛 같은 음악이 끝없이 흘러나온다. 몸포우의 Musica Callada 중 Vol 3 No.19 Tranquillo다. 그의 작품 중에서도 가장 내적이고 슬픈 이 곡은 '명상의 음악' 정도로 번역되는 숨은 보석 같은 음악이다. 고요한 달빛이 내리는 밤 피아노 앞에 앉아 있는 몸포우가 떠오른다. Tranquillo 에서 희미하게 흘러나오는 달빛이 무겁고 침울하게 차가운 밤의 메아리와 바람의 숨소리 사이에서 부서져 내린다. 마루 위에 쌓이는 월색을 깔고 앉은 사람의 슬픈 그림자 위에서 머릿속이 텅 비어버린 것 같은 근원적인 외로움을 느끼게 한다. 처음부터 끝까지 곡은 고요하고 아름답고, 내가 아는 것은 아무것도 없는 것 같은 우울한 분위기의 근원적인 외로움을 느끼게 한다.

20세기의 쇼팽이란 별명을 가진, 우리에겐 거의 알려지지 않은 작곡가 겸 피아니스트인 페데리코 몸포우(1893-1987)는 스페인 카탈루냐의 바르셀로나 출신으로 몇 개의 내향적인 작품만을 남긴 전형적인 은둔형 음악인이다. 쇼팽에게 영향을 받았지만 그의 작품들에는 그만의 개성과 스페인 스타일이 뚜렷하게 나타난다. 그는 고향 바르셀로나의 소리들을 자주 사용하는데, 이를테면 교회의 종소리나 갈매기들의 울음소리 같은 것들로 지금까지 들어본 어떤 음악보다도 신비한 음조를 느끼게 한다.

몸포우의 음악은 연주자의 입장에서 본다면 악보의 매 페이지마다 기만적으로 단순한 것처럼 보인다. 그러나 즉석에서 연주를 해보면 어떤 손가락으로 어느 음을 쳐야 하는지 모호한 어려움에 부딪힌다. 쇼팽의 변주곡 악보에 맞게 손가락 표시를 해두고 기억하기 쉽도록 각각의 손가락의 음들은 괄호로 묶는 연주자들도 있다. 섬세한 페달링도 그의 음악에선 중요한데, 미묘한 하모닉스를 명확하게 표현하기 위해서다. 이런 여러 가지 어려움에도 몸포우의 곡들은 연주할 만한 가치가 있는 귀한 작품들이다.

그의 곡들 중에서 사랑을 받는 것은 쇼팽의 주제에 의한 변주곡들이다. 주제는 쇼팽의 짧은 전주곡 A장조 작품 28의 7번으로, 대부분의 변주곡들처럼 처음부터 긴장감을 준다. 첫 번째 변주곡은 형식과 선율과 리듬이 주제와 거의 동일하지만 음조는 쇼팽보다는 훨씬 더 밝다. 그의 음악을 들으면 특별한 음의 여행을 시작하는 기분이 드는데, 계속 듣다 보면 그 직감이 맞았음을 알게 된다. 12개의 변주곡들은 모두 몸포우 특유의 노스텔직한 다양성을 잘 나타나 있다.

그중 5번은 쇼팽의 환생을 보는 듯하고, 8번은 부드러운 발자국 소리 같은 8분음표와 함께 애절한 멜로디로 이루어져 있다. 억눌린 감정으로 진행되는 곡은 결국은 달콤한 고뇌 속에서 카타르시스를 느끼면서 느슨해진다. 9번은 쇼팽의 즉흥 환상곡을 그대로 듣는 것 같다. 그러나 익숙한 두 번째 주제는 심장이 아픔을 느끼는 동기로 바뀐다. 12번에선 놀랍도록 힘이 넘치는 클라이막스에 이르러 이내 곡이 끝나는 것 같으면서도 쇼팽의 주제 속에서 그만의 마술 같은 하모닉스를 그려나간다. 이 곡은 그리 높게 평가되지는 않지만, 연주가 끝나도 감사와 만족과 경외심 속에 앉아있게 한다. 또한 몸포우의 춤곡들은 모두가 춤을 추며 부르는 노래 같은 곡으로, 멜로디들이 카탈로냐 지방의 민속음악에 기반을 두고 있다. 그중 노래 Muntanyes regalades and L'Hereu Riera(문타니에스 산의 선물과 상속인 리에라)에 기반을 둔 7번이 가장 유명하다.

봄의 위작(僞作)
-로만 호프슈테터: 현악 4중주 Hob 3, No.17

봄이라고 모두에게 같은 봄은 아니다.
우리의 봄은 가난한 우리네 가계를
위로하듯 낮은 지붕 아래로 가지를
늘어뜨려 후끈 꽃송이들을 피우는
살구나무의 들큼함으로 인식되고,
봄볕에 야윈 묵은 울타리의 얇은 그늘을
다독이며 가만히 밀어 올린 꽃망울을
수줍게 터트리는 앵두나무의 그윽함으로
이해되었다.

요즈음의 봄은 몽우리를 튼 목련꽃들이
하늘을 향해 비정하게 총을 겨누고
개나리는 담장 밖으로 가지를 내려
회색 도시의 희뿌연 아침 공기 속을
뒤적인다.
누렇게 뜬 시간 속으로 구걸하듯 힘없이
어깨를 늘어뜨리고 서 있는 버드나무

아래를 지나 나의 생은 얼마나 부대끼며
오늘은 또 어디로 흘러가는 것인가?

봄이면 늘 떠올리는 하이든의 현악 4중주 F장조 세레나데, 안단테 칸타빌레는 위작이었다. 사람들에게 하이든의 작품으로 알려졌었다. 어떻게 하이든의 작품으로 분류되었는지 모르지만 독일의 신부 로만 호프슈테터의 Hob 3, No. 17 현악 4중주다.
저작권의 개념이 뚜렷하지 않던 시절 비발디, 바흐, 헨델, 모차르트, 브람스의 가곡까지.. 특히 헨델과 바흐의 작품들 중 타인의 작품인 것들이 많다. 하이든을 무척 좋아했던 로만 슈테트, 이 한 곡으로 그를 기억한다.

색다른 카덴차
-Beethoven: Violin Concerto Schnittke Cadenza Mvt.1

아침 인터넷 뉴스에서 베토벤의 사인이 그간 알려진 납중독이 아니라 간경변으로 밝혀졌다는 기사를 읽었다. 이 이야기는 새삼스러운 것이 아니다. 처음부터 사인은 간경변이었는데 언젠가 누군가가 그의 머리카락을 분석해 과학적으로 증명된 사실인 양 믿어져 왔다. 독신으로 살았던 그가 매독을 얻어 치료제 수은에 의한 납중독으로 사망했단 오명의 증거였던 머리카락이 타인의 것이란 사실이 밝혀진 것이다. 늦었지만 악성으로서의 그의 명예를 위해 다행한 일이다.

이처럼 베토벤에겐 늘 늦음이란 수식어가 따라다녔다. 1818년 토마스 브로드우드라고 하는 영국 피아노 제작자가 베토벤에게 피아노를 한 대 선물로 보냈다. 그러나 베토벤은 한탄했다.
"아 슬프고 애석하다, 너무 늦었어!"
베토벤이 피아노를 받을 때쯤은 귓병이 심해 한 음도 들을 수가 없었던 것이다. 베토벤은 애주가였는데 그의 아버지도 알코올 중독자였다. 한때 부랑자로 체포되기도 한 것은 그의 술주정 때문이었다. 베토벤의 간경변은 그의 사후에야 알았다.

"아 슬프고 애석하다, 너무 늦었어!"
베토벤이 죽기 직전 음악 출판업자로부터 와인 한 상자를 선물 받고 다시 한 말이다.

베토벤은 1827년 3월 29일 비엔나에서 폭풍이 몰아치던 날 사망하고 그의 묘비에는 늦지 않게 단 한마디 글자만 새겨졌다, 'Beethoven'
그는 너무나 잘 알려진 사람이었으므로 더 이상의 설명이 불필요했는지도 모른다.

서양 클래식의 바이올린 협주곡 가운데서 가장 뛰어난 그의 바이올린 협주곡은 그의 3번 5번 교향곡들이 그랬던 것처럼 늦게야 진가를 인정받는다. 아름다움과 품격을 갖추었음에도 최고의 곡으로 인정을 받기까진 시간이 필요했다. 그의 숙명처럼 그의 대작들엔 늦음의 공식이 늘 따라다녔다. 최고의 명곡인 만큼 그 연주에 있어서도 명연주들이 많고 유명한 카덴차들이 여럿 있다. 그 중에서도 요하임과 크라이슬러의 카덴차가 유명한데 오늘날엔 크라이슬러의 카덴차가 거의 연주되고 있다.

20세기 러시아의 작곡가 알프레드 시닛케가 만든 독특한 카덴차가 있다. 카덴차는 협주곡에서 독주자가 자신의 스타일로 곡에 다양성을 넣어 연주하는 부분을 말한다. 하지만 어디까지나 본 곡의 분위기와 작곡자의 의도를 벗어난 카덴차는 없었다. 그러나 시닛케의 카덴차는 현대적인 감각으로 색다른 멋이 있다.

작곡자는 지금 세상에 없다. 그가 남긴 곡을 지금의 연주자가 연주할 뿐 바이올린 독주자가 그렇게 연주하고 싶다면 아무도 그것을 막을 수는 없는 것이다.

사진 - 배흥배

관대한 사람
-Andre Gretur: Overtur to Le Magnifique

우리에겐 거의 알려지지 않았지만 유럽에선 유명한, 멜로디가 아름다운 서곡이 있다. 오페라 하면 흔히 독일이나 이태리 작곡가들의 작품들을 떠올린다. 프랑스의 앙드레 그레트리 오페라 Le Magnifique의 서곡으로 프랑스적 우아하고 발랄한 감각에 정감 있는 서정적 멜로디가 특징이다.

오페라는 클레멘 타인과 그녀의 하녀 알릭스가 있는 집 앞을 노예들이 지나며 재잘거리는 장면부터 시작한다.

클레멘타인의 아버지 호라세는 플로렌스의 부호로 9년 전 자신의 하인이며 알릭스의 남편인 로렌스와 함께 바다에서 난파되어 해적들에게 붙잡혀 노예로 팔려갔다.

클레멘타인과 알릭스가 창문으로 노예들을 바라보다 알릭스는 그 대열 속에서 남편 로렌스를 발견한다.

그녀는 주인 호라세도 그 속에 있을 거라며 클리멘타인에게 어떻게 그들이 노예의 주인 옥타브(Le Magnifique)에게서 풀려났는지 모르겠다고 말한다.

알릭스는 좀 더 자세하게 알아보기 위해 밖으로 나가며 클레멘타인의 가정교사 알도란딘이 클레멘타인과 결혼하고 싶어 한다고 말하자, 클레멘타인은 아버지를 데리고 있는 노예주인 옥타브보다 알도란딘의 이름을 듣는 것을 더 기분 나빠한다.

그때 알로란딘이 들어와 클레멘타인을 사랑한다고 선언하며 자신에게 손을 내밀어달라고 말하지만 그녀는 자신은 결혼하기엔 아직 어리다고 거절하고, 알도란딘은 클레멘타인을 방으로 데려가 다시 한번 생각해달라고 한다.

그러는 사이 알도란딘의 하인 파비오가 들어와서 옥타브가 자신의 가장 뛰어난 경주마를 한 마리 줄 테니 클레멘타인과 개인적으로 대화를 한번 할 수 있게 해 달란다고 말한다. 파비오가 옥타브의 말들에 대하여 찬사를 늘어놓는 동안 알도란딘은 옥타브의 의도에 대하여 의심하며 골똘하게 생각할 때 옥타브는 어느새 집에 들어와 거래를 끝마치고 세 남자들은 말을 보기 위해 함께 나간다.

그들이 모두 떠난 후 알릭스가 돌아오고, 로렌스도 함께 돌아와 노래하며 아내 알릭스와 사는 동안 다시는 바다로 나가지 않겠다고 맹세한다.

알릭스가 음식과 와인을 구하러 나갔다가 클레멘타인와 함께 돌아오자 로렌스는 자신들이 어떻게 구조되어 집으로 돌아왔는지 말하고 그 이야기를 아무에게도, 특히 알도란딘에게 말하지 말라고 부탁한다.

알릭스가 주인 호라세가 돌아오면 클레멘타인은 아버지의 축복 속에 알도란딘과 결혼할 수 있을거라고 말하자 클레멘타인은 울음을 터트리며 알릭스에게 자신은 알도란딘과 결혼하고 싶지 않다고 말하며 그 아유는 말할 수 없다고 한다. 알릭스는 그녀를 이해하겠다고 말하며 혼자 생각하라고 놔두고 로렌스와 함께 자리를 뜬다.

알도란딘이 돌아와 클레멘타인에게 그녀는 말과의 교환 건으로 옥타브를 만나게 될 거라고 말하며 클레멘타인에게 옥타브를 조심하라고 한다, 옥타브가 그녀를 꼬드길 것이니 그가 이야기하는 동안 아무런 대꾸도 하지 말라고 당부를 한다.
알도란딘이 옥타브를 데리러 나가자 클레멘타인은 자신이 몰래 사랑하고 있는 남자 옥타브의 마음을 다치게 할까 봐 두려움에 노래를 부르고 어쩔 수 없이 알도란딘의 말대로 침묵을 지키기로 한다. 알도란딘과 옥타브가 돌아오고 알도란딘은 자신의 라이벌 옥타브와 클레멘타인을 무대의 양쪽에 앉게 하고는 파비오와 함께 들리지 않는 곳에서 둘을 관찰한다.
옥타브는 클레멘타인에게 사랑을 고백하며 그녀가 말을 할 수 없음을 알아차리곤 그녀가 자신과 결혼하기를 원한다면 들고 있는 장미꽃을 떨어뜨리라고 말한다. 그녀는 그의 말대로 하고 옥타브가 허리를 구부려 장미꽃을 집어 들 때 알도란딘과 파비오의 조롱하는 소리가 멀어져간다.

다시 그녀의 방으로 돌아와서 클레멘타인은 옥타브의 사랑을 받아들인 자신을 대견해하며 알릭스에게 자초지종을 말한다. 로렌스가 돌아와 그들에게 옥타브가 집으로 돌아가는 중이며 주인 호라세와 함께 가고 있다고 말한다.

클레멘타인이 방을 나가자 로렌스와 알릭스는 다시 만난 기쁨을 노래한다. 그들의 이중창이 끝날 때 파비오가 들어와 알릭스에게 말한다, 알도란딘이 더 이상 지체하지 않고 클레멘타인과 결혼하기 위해 공증인을 구하러 갔다고. 그러나 로렌스를 보자 그는 깜짝 놀라 도망치고 로렌스는 황급히 그를 쫓아간다.

알릭스는 남편 로렌스가 갑작스럽게 예고도 없이 나간 것이 질투심 때문이라고 생각하며 로렌스를 찾아 밖으로 나간 동안 클레멘타인은 아버지를 다시 만나게 되면 아버지가 옥타브와 결혼하는 딸을 축하해 줄 거란 기쁨에 노래를 부른다. 알릭스가 돌아와 클레멘타인에게 방으로 가서 아버지의 부름이 있을 때까지 기다리라고 말한다.

호라세가 옥타브와 함께 돌아와 딸을 데려오라 한다. 두 사람은 기쁨에 넘쳐 다시 만나고 호라세는 다시는 헤어지지 않겠노라고 딸 클레멘타인에게 선언한다.

알도란딘이 공증인을 데리고 돌아와 호라세를 껴안으려 하지만 호라세는 자신이 노예로 잡혀있는 동안 보냈던 편지에 알도란딘이 한 번도 답장을 보내지 않은 이유를 물으며 그의 포옹을 거부한다.

알도란딘은 편지를 받은 적이 없으며 그동안 자신이 클레멘타인과 재산을 돌본 것이 주인에 대한 충성의 증거라고 주장한다.

그때 로렌스가 파비오의 목덜미를 끌고 들어온다. 그는 알도란딘의 명령으로 호라세와 로렌스를 노예로 팔아넘긴 것을 실토하라고 윽박지른다.

알도란딘은 집에서 쫓겨나고 호라세는 딸 클레멘타인과 Le Magnifique관대한 사람(옥타브)의 결혼을 축하한다. 오페라는 다시 만나게 된 가족의 기쁨을 노래하며 끝나고, 파비오만이 혼자서 도망갈 궁리를 하는 노래를 한다.

항해로의 초대
-Duparc(뒤파르): L'invitation au voyage

내 아이들아, 내 동생아

행복한 꿈만 꿔라

그곳에서 우리 함께 살아가고

여가를 즐기고

사랑하다 죽는 꿈을

너희들을 닮은 그곳에서 말이다

촉촉한 태양이

안개 낀 하늘의 물 먹은 태양이

내 마음을 끌어당기는구나

신비하게도

너희들의 어린 눈동자들이

눈물 속에서 빛나는 듯

거긴 모든 질서와 아름다움과

풍요와 평온과 기쁨이 있는 곳이다

보아라 이 바다의 만을

배들이 어떻게 잠드는지

바다의 방랑자들인 그들을 보아라

배들을 보면 알 것이다
너희들의 작은 소망이
지구의 끝에서 온 소망들이 이루어질 거란 걸
지는 태양은 대지를 물들이고
바다와 모든 마을을 물들인다
히야신스와 황금빛으로 세상은 잠이 든다
따뜻한 빛 속에 모든 질서와 아름다움이 있는 곳
풍요와 평화로움과 기쁨의 그곳에서

　　　　　　　　　-보들레르 시 『여행으로의 초대』

소유한 LP 음반이 5천여 장이 되므로 웬만한 것은 가지고 있다. 그래서 중고 음반 가게에 가면 특별한 음반들을 찾는다. 고가의 희귀 음반들이 아니라 좋은 음악임에도 불구하고 푸대접을 받는 것들에 손길이 간다. 물론 그런 음반들은 값도 싸다.

눈에 들어온 것은 엔젤 음반사에서 나온 위쪽 귀퉁이에 커다란 구멍이 뚫린 새것 같은 반품 음반이다. 자넷 베이커가 부른 뒤파르의 가곡이다. 이런 귀하고 좋은 음반이 팔리지 않고 반품되었다니.. 외국 소비자들도 우리와 비슷한가 보다.

가곡 하면 슈베르트, 슈만, 브람스, 볼프, 슈트라우스, 말러의 독일

가곡을 생각한다. 그러나 프랑스도 포레, 뒤파르, 쇼송, 드뷔시 등의 뛰어난 예술가곡이 있다. 그중 뒤파르는 프랑스의 가곡을 독일의 가곡 수준으로 끌어올렸는데, 그의 슬픈 노래나 여행으로의 초대 같은 곡은 독일의 그것에 뒤떨어지지 않는다.

음반을 살펴보니 뒤파르의 걸작들이 여럿 들어있다. 무엇보다 보들레르의 시에 곡을 붙인 여행으로의 초대가 눈에 띄었다. 당장 가져왔다, 구멍 뚫린 반품 음반이란 죄로 아주 저렴한 가격에..

뒤파르(1848-1933)는 프랑크 세자르의 수제자였지만 리스트와 바그너적인, 그의 서정적이며 극적인 감성은 스승의 엄격한 정신주의와 늘 부딪혔다. 이로 인해 스스로 완벽주의자였던 그는 불안정한 신경 정신 상태에 빠져 피아노, 첼로, 관현악곡 등 그의 기악곡 대부분과 500곡이 넘는 가곡을 파기 처분하고 40년 이상 작곡을 하지 않은 채 죽음을 맞이한 불운한 천재 작곡가였다.

독일의 리하르트 슈트라우스를 연상시키는 그의 걸작 가곡 여행으로의 초대를 듣는다. 특히 노랫말은 문학도라면 반드시 공부하는 보들레르의 시여서 더 반갑다. 노랫말은 자켓 안의 가사집을 번역했다.

물 위에 떠가는 플루트 소리
-Franz Benda: flute concerto in e minor

이른 아침 북한강변을 걷는다.
누군가 수상스키를 타고 있다.
그가 일으키는 물보라인지
물안개인지 눈앞이 흐려,
발길이 자꾸 물에 가린다.

수많은 길이 물에 떠 내려와도
내가 내 길을 알아볼 수 있을까만
로프를 움켜쥔 그의 손마디가
너무 선명해
그를 끄는 보트의 힘과
그의 근육의 힘이 이루는 팽팽한 긴장감
어디에서 내 움켜쥔 손을 풀어본달 말인가.
이어폰에서 울리는 벤다의 플루트는
제 길을 풀어 물 위를 매끄럽게 따라가는데.

프란츠 벤다(1709-1786)는 보헤미아 바이올리니스트, 작곡가로 음악가 집안에서 태어났다. 프라하와 드레스덴에서 성가대원으로 음악 활동을 시작해 18세에 비엔나로 이주하여 요한 고틀리프 그라운에게 바이올린 사사했다. 2년 후 바르샤바의 예배당 마스터 자리에 오르고, 프러시아 황태자궁에서 연주 생활 시작했다. 황태자는 프러시아의 왕 프레데릭 대제가 되고 벤다는 전 생애를 그곳에서 보내게 된다.

프러시아 궁에서 보낸 40년 동안 17개의 교향곡, 28개의 바이올린곡 그리고 300곡이 넘는 여러 악기를 위한 소나타들을 작곡했다. 작곡과 바이올린을 가르치는 일 외에 벤다는 꼼꼼하게 쓴 자전적인 음악 서적을 출간하여 당시 음악가들의 생활을 이해하는 데 큰 공헌을 한다.

플루트 협주곡 E단조는 그의 고용주 프러시아의 프레데릭 황태자를 위해 쓴 곡으로 황태자는 뛰어난 플루트 연주자였으며 요한 요하임 콴츠의 제자이기도 했다. 이 협주곡은 고전 협주곡의 전형적인 형태인 3악장으로 되어 있고 명료함과 밸런스 그리고 우아함의 고전주의 시대 음악적 스타일을 잘 나타내고 있다.

악기 편성은 현 오케스트라와 콘티뉴오를 동반한 독주 플루트로 이루어져 있으며 콘티뉴오 파트는 하프시코드, 오르간, 첼로가 통주 저음부를 맡고 있다. 특히 제1악장 끝부분 플루트의 카덴차는 현란하면서도 절제된 음악의 균형미를 만끽하게 한다.

『경주에 필요한 것은 말이지 예술가가 아니다.』

-벨라 바르톡

내 마음의 섬
-Kenneth Mckellar: Isle of my heart

O, would that I were in the Isle of my Heart,
My dear island where I grew up;
O, would that I were in the Isle of my Heart,
Isle of the high cold mountains.
오, 내 마음속에 있는 그 섬에 가 봤으면,
내가 자란, 꿈에서도 그리는 섬,
오, 내 마음속에 있는 그 섬에 가 봤으면,
눈 덮인 산들이 있는 섬.

Barefoot I'd run over moorland and heather
If I could cross over the ferry to Kyle,
I would go in a hurry to the village I love
To the home where I was raised.
맨발이라도 히스가 무성한 황무지를 지나갈 텐데
배를 타고 내 고향 카일에 가기만 한다면,
사랑하는 내 고향으로 뛰어갈 텐데
내가 자라난 집이 있는 그곳.

Content I would be if I were just now

Beside the peat-stack on a hillock at rest

The most beautiful mist, wreathing and swimming

And falling o'er the shoulders of Blath-Bheinn

그곳에 지금 내가 있다면 좋을 텐데

언덕 위 이탄 더미 옆에서 한가하게 놀던 곳

꽃다발을 목에 걸고 수영을 하면 아름다운 안개가

블라스베인 꽃으로 싸인 어깨 넘어 내리던 그곳

My wish is to stay with the kin of my heart

In William's wee bothy by the waves on the beach,

Where forever we'd listen each night and each day

With but moorland and sea beside us.

나의 소원은 내 사랑하는 친척들과 함께 사는 것

파도가 밀려오는 해변 위 윌리암의 작은 오두막 안에서,

그곳에서 매일 밤과 매일 낮 영원히 이야기를 나누었으면

우리 곁엔 시스 꽃 무성한 황야와 해변만 있고.

I see the Meall and I see the Sgorr

The side of Quirang and the hills of the Storr

Little Helaval and Big Helaval

The Three Streams delta and Gearraidh
내 눈엔 밀이 보이고 스고르도 보이네
쿠이랑과 스토르 언덕 옆에 있는 그곳들이 보이네
작은 헬레발 섬과 큰 헬레발 섬
세 개의 개울 끝에 있는 뾰족한 삼각주가 보이네

스코틀랜드 헤브리데스 군도의 스카이섬은 스코틀랜드의 가장 아름다운 곳 중의 하나다. 한때는 바이킹의 지배를 받았고 후엔 클란 맥클레오드와 클란 맥도날드가 통치한 스카이 섬의 많은 주민들이 자코비트 폭동 이후 클란 체제가 무너지면서 강제로 고향을 떠날 수밖에 없었다. 기근과 전쟁 그리고 고지대의 대부분이 일인 소유 양축농장 통합 공동체로 바뀌었기 때문이었다.

1840년과 1880년 사이에서만 3만 명의 사람들이 쫓겨났는데, 그들 중 대부분은 아메리카 신대륙으로 이주했다. 스카이섬의 숨 멎을 듯 아름다운 풍경과 고통스러운 기억은 아름다운 해변과 조상들이 묻힌 땅을 떠난 사람들의 후손들에겐 이야기와 노래를 통해서만 옛 고향을 떠올리게 한다.

『화가는 캔버스에 그림을 그린다.
그러나 음악가는 침묵 위에 그림을 그린다.』

-레오폴드 스토코프스키

12세 소년의 천재성
-모차르트: 오페라 서곡 바스티앙과 바스티엔

『바스티앙과 바스티네』는 모차르트의 초기 오페라로 1768년 그가 12살 때 쓴 것이다.

이 작품의 이야기는 이전에 의사 프란츠 메스메르가 다룬 것으로, 당시 유행하던 전원적 장르와 장자크 루소가 쓴 오페라 〈마을의 점쟁이〉를 모방한 것이었다.

여기 나오는 의사 프란츠 메스메르는 나중에 모차르트의 오페라 코시판 투테에 다시 한번 인용되는데, 이 곡 『바스티앙과 바스티엔』과 비슷한 선율이 상당 부분 채용된다.

짧은 생애를 살았지만 많은 유명한 곡들을 남긴 모차르트는 고전주의 시대의 가장 중요한 음악가다. 어릴 때부터 신동의 능력을 보여주었던 모차르트는 이미 바이올린과 피아노를 능숙하게 다루었고, 5살 때부터 작곡을 시작해 귀족들 앞에서 연주를 했다.

17세 때 그는 잘츠부르크의 궁정악단에 들어가지만 적응하지 못하고 연주여행을 떠나 유럽을 돌아다니며 즉흥적으로 곡을 쓴다. 1781년 비엔나에 머무는 동안 잘츠부르크의 궁정악단으로부터 해고된 모차르트는 비엔나에서 약간의 재정적 수입이 생기게 되면서 그곳에 머물기로 한다. 비엔나에서의 마지막 5년 동안 모차르트는 그의 대표작인 여러 교향곡들과 협주곡들 그리고 오페라와 레퀴엠을 썼는데, 레퀴엠은 많은 부분을 완성하지 못하고 세상을 뜬다.

갑작스런 죽음의 원인에 대한 많은 부분을 미스터리로 남기고 간 모차르트는 아내 콘스탄체와 두 아들을 두고 떠났다. 그는 다른 작곡가들로부터 많은 것들을 받아들여 재치 있고 완숙한 스타일의 곡들을 썼는데, 그의 작품들은 산뜻하고 우아하면서도 내면엔 어둠과 슬픔이 깔려있었다.

600곡이 넘은 곡을 쓴 그는 뛰어난 교향곡들과 협주곡들, 실내악, 오페라 그리고 교회 음악들을 남겼다. 모차르트는 고전음악가들 중에서도 가장 유명했고 그는 서양 클래식 음악에 많은 영향을 끼쳤다. 베토벤의 초기 음악에 모차르트의 그림자가 짙게 깔려있는 것은 알려진 사실이고, 하이든은 앞으로 100년 안에 모차르트 같은 재능 있는 음악가는 나오지 않을 거라 한 말은 유명하다.

폭력적인 봄
-비숍: 보라 저 유순한 종달새를

아파트 고층에 사는 것은
외딴곳에 사는 것과 같다.
버스를 타고 시내에 나가듯
엘리베이터를 타야만 밖으로 나간다.
오랜만에 나오니 딴 세상 같다.
아내가 소녀처럼 좋아하며 셔터를 누른다.

요즘 세상은 질서가 점점 없어져 간다.
사람을 따라 식물도 그런가 보다.
봄에 꽃이 피는 순서는 정해져 있었다.
매화 진달래 개나리 앵두 살구 벚나무 복숭아
그리고 배꽃이 차례로 피고 지면
파란 나뭇잎이 나고 5월로 넘어갔다.
그렇게 우리의 봄은 유순하고 정연했다.
그러나 지금의 봄은 게릴라처럼 온다.
꽃들은 기습적으로 피고 진다.
폭발하듯 한꺼번에 꽃잎들을 터뜨리는

하늘에선 화약 냄새가 나고 흙바람은 분다.
우리의 산들은 여기저기 파란 멍이 들고
상처처럼 산벚꽃들이 군데군데 남았다.

봄은 왜 그렇게 폭력적인가?
봄은 어디까지 제 과거가 비참해야
찬란하게 오고 가는 것인가?
사람들은 봄을 견디기 위해 오늘도
집 밖으로 나오고
꽃 진 살구나무에 새가 앉아 운다.
봄의 잔당이 우리의 추억을 급습한다고.

집에 들어와 음반을 한 장 뽑는다.
비버리 실즈가 부르는
Lo, Here the Gentle Lark
저 유순한 종달새를 보라
요즘 딱 맞는 곡이다.
종달새처럼 하늘 높이 날아오르다
급강하하는 콜로라투라,
내 머리카락 사이에 숨은
햇빛 속에서 한 생명이 자라는 소리 들린다.

-산문집 『내 마음의 하모니카』에서

Lo, here the gentle lark, weary of rest,
보라, 저 조용한 종달새를, 쉬다가 지친,

From his moist cabinet mounts up on high,
새는 촉촉한 둥지에서 높이 날아오르고,

And wakes the morning, from whose silver breast
아침은 그의 은빛 가슴에서 깨어나네

The sun ariseth in his majesty
태양이 그의 경배 속에서 떠오르고

Who doth the world so gloriously behold
그는 세상을 영광스러운 눈빛으로 바라보니

That cedar-tops and hills seem burnishd gold.
삼나무 꼭대기들과 언덕들은 금빛으로 빛나네.

Venus salutes him with this fair good-morrow:
샛별은 그에게 아름다운 아침으로 경의를 표하는데:

O thou clear god, and patron of all light,
오 순결한 신이시여, 모든 빛의 수호자시여,

From whom each lamp and shining star doth borrow
당신으로부터 모든 등불과 빛나는 별은 비롯되었으니

The beauteous influence that makes him bright,
그 아름다운 은혜로움으로 그를 환하게 하시고,

There lives a son that suckd an earthly mother,
세상의 어머니의 젖을 빨고 자란 아들이시여,

May lend thee light, as thou dost lend to other.
다른 이들에게처럼 당신에게도 빛을 내리소서.

신비한 공기가 흐르는 음악
-라흐마니노프: 프렐류드 G샵 단조 Op.32 No.12

이 음악을 듣고 있으면

그저 아름답다는 것,

내가 앉아 있는 주변에

신비한 공기가 흐르는 것 같은

느낌을 받는다.

라흐마니노프는 음악사에 있어

가장 위대한 피아니스트다.

G샵 단조 프렐류드는 듣는 내내

연기가 피어오르는 하늘에

하늬바람 불고

음표들은 건반 위에서

공중의 거미줄로 미끄러져 떨어진다.

왼손의 아름답고 우아한 멜로디를

받쳐주는 오른손이 희미하게 빛난다.

라흐마니노프의 피아노곡 중에 많이 연주되지는 않지만 이 곡은 그 아름다움에 있어선 그의 24개의 프렐류드 중에서 탑이다. 이 곡이 자주 연주되지 않는 이유는 곡이 갖은 아름다움을 완벽하게 표현하는데 있어 피아니스트들이 어려움을 느끼기 때문인지도 모른다. 요즘의 젊은 세대 피아니스트들은 이 곡을 천둥 치듯 내리치는 경우가 있다. 그건 이 섬세한 곡을 소화하기엔 아직 덜 성숙했기 때문이다. 물론 나이가 든 피아니스트라고 해서 모두가 성숙된 연주를 한다는 것은 아니다. 이 곡을 완벽하게 연주하려면 그만큼 자기 컨트롤이 필요한 곡이다.

음악의 쓸쓸한 풍경화
-멘델스존: 헤브리디스 서곡

멘델스존의 헤브리데스, 핑갈의 동굴 서곡
거인이 살았다는 핑갈의 동굴 외
다른 이야기가 있다.

침입자들에게 쫓기는 어느 부족이
섬의 동굴 안으로 숨는다.
입구는 좁지만 안은 넓었다.
보초 한 사람이 동굴 밖으로 나가 망을 보다
근처 바다를 지나가는 점령자들의 눈에 띈다.
그들은 동굴의 입구에 불을 지르고,
동굴 안의 사람들은 질식해 모두 죽는다.

이 곡을 들으면 입체 영화를 보는 것 같다.
집을 나온 고양이가 뒷산에 올라가
도시의 네온 불을 내려다보며
코털 끝에 엉기는 불빛을 어둠으로 씻고
조용히 안개 속으로 사라진다.

그렇게 이 처연한 음악의 풍경은 희미해져간다.

멘델스존은 미의 본질은 다양성의 조합이라고 했다. 그의 헤브리데스의 서곡 핑갈의 동굴을 듣고 있으면 켈트족의 비운의 이야기와 스코틀랜드 서북부의 해안 도서지방의 황량한 풍경과 차가운 파도의 부서지는 물보라가 떠오른다. 그는 진정한 음악의 풍경화가였다.

불멸의 2 악장
-베토벤: 교향곡 7번 제2악장

비인의 한 노파가 멜로디를 흥얼거렸다.
아무도 그 멜로디를 아는 사람은 없었다.
그리고 얼마 후 베토벤의 새로운 교향곡
7번이 초연되었다.
노파가 흥얼거리던 것은
훗날 바그너가 불멸의 2악장이라고 했던
베토벤 7번 교향곡의 제 2악장 멜로디였다.

그 가난한 노파는 비엔나에서 가장 행복한 사람이었다. 베토벤의 옆집에 살던 그녀는 베토벤이 작곡하면서 치는 피아노 소리를 가장 먼저 들었던 것이다.

베토벤은 작곡을 연습으로 하지 않았다. 곡의 비밀 속으로 난입해 파고 들어가 음악과 처절하게 싸웠다. 그는 평소 음악은 보다 높은 지식의 세계로 들어가는 문이고, 그 지식의 세계는 인간을 이해하는 곳이지 인간이 이해할 수 있는 곳은 아니며 음악은 어떤 현자나 철학자의 말보다 높은 계시라고 말했다. 그리고 음악은 영과 육체적 생활 사이에 존재한다고 말한 만큼 그는 음악에 대해서 치열했다.

그러한 베토벤의 7번 교향곡은 리듬의 향연, 술주정뱅이의 곡이라고들 한다. 엄격하고 괴팍하기로 소문난 베토벤이 단추를 풀어 헤치고 썼다고 한다.

박박 쥐어뜯은 머리카락이 그의 작업실 여기저기 수북하게 쌓여 있고, 아무렇게나 널브러진 집기들 사이를 토끼만 한 쥐가 드나들 때 신은 그의 귀에 대고 속삭였다. 그러나 베토벤은 신이 너무 크게 소리쳐서 자신의 귀가 멀었다고 불평했다. 그렇게 신의 속삭임을 받아 쓴 것이 제 2악장이다.

멜랑콜리한 서정성이 지배하는 제2악장은 론도형식의 장송곡풍 느린 악장이다. 목관악기들의 불안하고 어두운 화음을 타고 첼로 비올라 콘트라베이스 등 저현 악기들이 애틋한 느낌의 주제를 제시한다. 이어 바순과 클라리넷이 부주제를 연주하다 첫 주제로 돌아가고 두 번째 주제가 흐른다. 종결부 코다에 이르러 첫 주제를 한 번 더 연주하며 현의 피치카토와 함께 생을 마감하듯 조용하게 끝을 맺는다.

베토벤의 모든 곡들이 그렇듯 7번 교향곡 또한 명연주 명반들이 많다. 평론가와 애호가 모두가 인정하는 긴장감 넘치는 카를로스 클라이버와 빈필의 그라모폰, 푸르트벵글러와 빈필 1950년 녹음 EMI, 하이팅크와 런던 필의 필립스, 조지 셀과 클리블랜드의 컬럼비아, 카라얀과 베를린 필의 그라모폰이 있으나 1936년 카네기홀에서 녹음한 토스카니니와 뉴욕필의 RCA음반을 최고로 꼽는다. 감정의 과잉 없이 악보의 목표만을 향해 달려가는 불의 전차 같은 연주다.

베토벤의 친필 악보를 보면 그가 머리를 박박 쥐어뜯으며 쓴 것 같다. 리스트는 베토벤의 악보를 보고 빗자루가 슬쩍 스치고 나간 것 같은 흔적을 보니 누구의 것인지 알겠다고 했다.

행복의 섬

-Gaelic Traditional Song: An Innis Aigh

스코틀랜드엔 켈트족이 오래전부터 살고 있었다.
그들은 후에 이주해 들어온 앵글로 색슨족에 밀리고 밀려 황량한 서북부의 해안과 거친 절벽에 부딪히는 파도의 포말로 사라졌다.
그들 노래의 한은 외세의 침입에 시달려 온 반도의 나라 우리의 정서와 비슷하다.
우리의 한이 뼈를 녹이는 것이라면 그들의 한은 뼈를 울린다.

An Innis Àigh

Seinn an duan seo dhan Innis Àigh,
An innis uaine as gile tràigh;
Bidh sian air uairean a' bagairt cruaidh ris
Ach 's e mo luaidh-sa bhith ann a' tàmh.

Càit' as tràith' an tig samhradh caomh
Càit' as tràith' an tig blàth air craoibh
Càit' as bòidhche an seinn an smeòrach

Air bhàrr nan ògan? 'S an Innis Àigh!

An t-iasg as fiachaile dlùth don tràigh
Is ann m'a chrìochan is miann leis tàmh;
Bidh gillean èasgaidh le dorgh is lìontan
Moch, moch ga iarraidh mun Innis Àigh.

Tiugainn leam-sa chun na tràigh
'S an fheasgar chìuin-ghil aig àm an làin,
'S chì thu 'm bòidhchead 's an liuthad seòrsa
De dh'eòin tha còmhnaidh 's an Innis Àigh.

'S ged thèid mi cuairt chun an taoibh ud thall,
'S mi 'n dùil air uairibh gu fan mi ann,
Tha tàladh uaigneach le teas nach fuaraich
Gam tharraing buan don Innis Àigh.

O 's geàrr an ùine gu 'n teirig là;
Thig an oidhche 's gun iarr mi tàmh.
Mo chadal buan-sa bidh e cho suaimhneach
Ma bhios mo chluasag 's an Innis Àigh.

행복의 섬

이 노래를 행복한 섬에 바치노라
새하얀 백사장이 있는 푸른 섬,
때론 험악한 태풍이 몰아치지만
나는 그곳에 살고 싶다.

따듯한 여름이 더 일찍 찾아오는 곳
나무의 꽃들이 더 일찍 피어나는 곳
어린나무 가지 위에서 개똥지빠귀가
더 아름답게 노래하는 곳, 그 행복한 섬에서

근처 해안 맛있는 물고기들은
잡을 수 있는 곳에 가까이 있어
젊은이들은 낚싯줄과 그물로
행복한 섬 근해에서 일찍부터 고기를 잡네.

나와 함께 해안가로 가자,
고요한 저녁 높은 조류를 타고.
너는 보게 될 거야 아름다운 것들과
행복한 섬에 사는 많은 예쁜 새들을.

나는 그 섬을 잠시 다녀오곤 하지만
때로는 그곳에서 머물러 살고 싶을 때가 있어.
신비한 매력이 식지 않는 심장으로
행복한 섬으로 나를 끊임없이 부르는 거야.

아, 시간이 없어 날은 저무는데,
밤이 오면 나는 쉬어야 해.
나의 끝없는 잠은 고요할 거야,
나의 베개가 저 행복한 섬이라면 말이야.

베토벤에게 조롱당한 음악가
-Daniel Steibelt: Piano Quintet No.1 op.28

베토벤은 사람들과 잘 어울리지 못한 것으로 알려져 있다. 베토벤 스스로 사람들을 만나는 것을 좋아하지 않았지만 다른 사람들도 베토벤과 한자리에 있는 것을 피했다. 특히 피아노 연주가들이 그랬다. 베토벤의 한 동료의 말에 의하면 베토벤은 모든 사람들을 거의 죽음으로 몰아갈 만큼 피아노 연주를 기막히게 잘해서 다른 연주가들이 베토벤과 한자리에 참석하는 것을 꺼려했기 때문이라고 한다.

어느 날 밤 한 실내악 콘서트에서 베토벤은 그 자리에 참석한 슈타이벨트라고 하는 이류 작곡가의 작품에 화가 났다.
슈타이벨트의 피아노 5중주의 첼로파트를 와락 펴들고는 악보를 머리 위에 올려놓고 피아노에 앉아 분개한 듯 거꾸로 현란하게 즉흥적으로 연주하는 것이었다.

베토벤은 14살 선배 모차르트를 제외하곤 모든 작곡가들을 무시했다고 한다. 모차르트가 일찍 세상을 떠나 베토벤과 부딪힐 일은 없었지만 가정을 해보면 재미있다. 모차르트가 자신을 찾아온 16

세의 소년 베토벤 연주를 듣고 칭찬한 일은 있었지만⋯.

베토벤이 무례할 만큼 무시했던 바로 그 슈타이벨트의 피아노 5중주 1번이 과연 그토록 형편없는 곡일까? 슈타이벨트의 피아노 소나타 C단조 Op.6도 숨은 보석이다.
예술계와 문학계에서 유명해진다는 것은 행운과 관련되는 경우가 많은데, 자신의 작품을 많은 사람들에게 알리는 무대를 얻느냐 그렇지 못하느냐이다. 10년 이상 무명으로 지내다 가요 경연대회를 통해 등장한 대중가요 가수가 일약 스타덤에 오른 경우가 그것을 설명해준다.

조롱을 되돌려 받은 베토벤
-베토벤: 크로이처 소나타

베토벤이 시골 숲길을 걸으면 나무들이 그에게 고독한 독신남이라고 속삭였다.
되블링의 숲을 하루 종일 걷는 동안 내내 베토벤은 뭔가 콧노래를 부르다가 음표 하나 입으로 중얼거림도 없이 떠오르는 악상을 악보 위에 휘갈겨 쓰곤 했다.
하일리겐슈타트 부근의 메추라기, 뻐꾸기, 나이팅게일, 노랑부리 새들의 울음소리가 훗날 그의 전원 교향곡 선율이 된 것이다.

그의 교향곡 3번에 대한 영감을 주었던 것 역시 나폴레옹 독수리였다.
3번째 교향곡의 오리지널 제목으로 나폴레옹의 이름 보나파르 라고 표기했으나 그가 황제에 오르자 표지를 찢어버렸다.
베토벤에게 보나파르는 더 이상 독수리가 아니었던 것이다.
이처럼 약한 청력으로 새소리를 내면의 귀로 듣고 숲의 황홀한 속삭임을 표현한 작곡가는 베토벤 외엔 없었다.

하지만 그러한 천하의 베토벤에게, 천둥보다 더 큰 목소리가 들려온 사건이 있었다.

1804년 겨울 그의 교향곡 3번이 안 데어 빈 극장 오케스트라에 의해 베토벤 자신의 지휘로 초연되고 있었다.
곡이 연주되는 중간 1악장에서 2악장으로 들어가자 청중석에서 큰 소리가 들려왔다.
"연주를 멈추어준다면 크로이처(1페니) 하나를 더 주겠다."

3번 교향곡이 나오기 1년 전에 그의 바이올린 소나타 크로이처가 발표되었다.
프랑스 출신의 바이올린 연주자 겸 작곡가 지휘자였던 크로이처를 기리기 위해 베토벤이 쓴 곡이다.
그러나 공교롭게도 당시 통용되는 화폐의 이름이 크로이처였다.

한 피아니스트의 연주회에 참석한 베토벤이 연주가 다 끝나가자 하품을 하면서
" 이제 시작하는 거야…?"
라고 조롱했던 것을 되돌려 받는 장면이었다.

> 『듣는다는 말 listen과 침묵이라는 말 silent는
> 같은 문자들로 이루어져있다.』
> -알프레드 브렌델

선술집에서
-칼 오르프 카르미나 브라나 11곡

칼 오르프의 카르미나 브라나, 그 감각적인 리듬감으로 클래식 음악을 좋아하지 않는 이들에게도 익숙한 곡이다. 초등학교 시절부터 우리는 리듬 악기를 다루었기 때문이다.
우리나라 초등학교 음악 교육 과정은 칼 오르프에 의존하고 있다. 큰북, 작은북, 트라이앵글, 캐츠터네츠 등 리듬 악기부터 다룬다. 카르미나 브라나의 총 25곡 중 리듬감이 특별한 11번째 노래다.

화가 나고

비통한 심정으로

나는 말한다,

나 자신에게,

아무것도 아닌

한 줌의 재 같은 나에게.

나는 나뭇잎과 같아서

바람과 함께 불어간다.

현명한 사람이라면

지을 것이다, 자신의 집을

단단한 암반 위에.
나는 어리석어
흐르는 물과 같아
반듯하게 나아가는
갈 길은 없다.
나는 떠내려간다
선장 없는 배처럼,
허공의 길을
방향도 없이 나는 새처럼.
닻도 없다, 암초도 없다,
나를 붙잡아다오;
나는 나 같은 사람을 찾고 있다,
나의 여행에 함께 할 사람을.
마음의 짐이 무겁다
나 홀로 지고 가기엔 너무 무겁다.
함께 유쾌하게 떠드는 것이
벌꿀보다 사랑스럽고 달콤하다.
비너스의 명령은
사랑의 노동인 것,
사랑은 결코 찾아오지 않는다.
겁쟁이들의 가슴속엔.

나는 모두가 가는 길을 간다.

젊은이들이 그러하듯.

나는 악의에 유혹을 받고

마음속에 선한 것은 하나도 없다.

탐욕으로 가득한 마음엔

이기적인 생각밖엔 없다.

영혼이 죽었다,

오직 육체만으로 살아간다.

음악은 말로 해주면 잊어먹고, 보여주면 기억하지만 함께 하면 이해한다는 칼 오르프의 말처럼 그의 음악은 온몸으로 듣게 한다.

『진실을 모방하는 것은 대단한 일이다.
그러나 진실을 창조하는 것은 위대한 일이다.』

-쥬세페 베르디

폴리네시아 타이티의 음악
-Dai-keong Lee: Polynesian Sute, Ori Tahitian

우리는 세계를 말할 때 아시아, 유럽, 아메리카, 아프리카, 오세아니아의 5대륙으로 이야기한다. 넓은 대양과 수많은 섬으로 이루어진 폴리네시아를 떠올리는 사람들은 별로 없다.

음악 또한 선율과 화성으로 이루어진 서양의 7음계 음악이 세계를 지배한다. 그러나 찾아보면 몽고, 중앙아시아의 5음계, 그 외 여러 곳의 다음계 음악과 호흡법에 따른 음악들이 있지만 우린 서양의 음악에 익숙하여 낯설게 들린다.

폴리네시아는 오스트레일리아 동북부의 뉴질랜드 북부로부터 하와이 남부 그리고 남아메리카에 가까운 이스터섬에 이르기까지의 광대한 태평양의 섬으로 이루어진 나라들을 말한다.

폴리네시안들은 아우트리거라는 길쭉한 쪽배 하나로 이 넓은 바다를 누볐다. 섬들은 드넓게 흩어져 있지만 문화와 언어, 종교적으로 연결되어 있음을 알 수 있다.

이곳 원주민들이 어디에서 왔는지에 대한 두 가지 설이 있다.

보트 여행설과 급행열차 설이 그것이다.

보트 여행설은 기원전 3000년 전 지금의 대만에 살던 사람들이 필리핀 인도네시아 뉴기니아를 거치면서 인종적으로 혼혈을 이루고 멀리 하와이 이스터섬까지 진출했다는 것이다.

급행열차 설은 남아메리카의 원주민들이 배를 타고 항해하여 이스터섬, 하와이에 이르렀다는 것인데, 오늘날의 유전자 검사나 언어학적 조사에 의하면 보트설, 대만인들의 원조설이 정설로 받아들여진다.
이렇게 수천 년을 이어온 폴리네시아의 하와이 왕국이 단 90명의 미국 해군에 의해 멸망되고 1960년 미국의 50번째 주로 편입된다.

작곡가 이대경(1915-2005)은 하와이 호놀룰루에서 태어나 미국의 탱글우드 센터에서 공부한 중국인 2세로 1952년 교향곡 2번으로 퓰리처상을 받은 유명 음악가지만 우리에겐 알려지지 않았다.
그의 음악은 서양 음악의 뼈대에 폴리네시안의 음악적 정서를 결합시킨 민족 음악의 색채가 강하다. 타이티 지방의 단순한 멜로디에 기반을 두고 있는 춤곡 오리 타이티안곡은 빠르고 흥분을 불러일으키는 종교 음악으로 1959년에 작곡되어 이듬해 하와이가 미국의 50번째 주로 편입되는 의식에서 연주되었다. 빠른 두 개의 마디가 타이티 전통의 우드블록과 다른 정교한 피치의 퍼쿠션들(타악기)에 의해 연주된다.

해적선
-Songs of The Hebrides: The Reiving Ship

중고 LP점에서 수산 드레이크의 하프 반주에 맞춰 알리슨 피어스가 부르는 희귀한 음반 한 장을 3천 원에 구입했다.
Songs of the Hebrides, 아무도 찾지 않아 내 손에까지 들어왔다. 헤브리디스 군도는 스코틀랜드 북서부의 황량한 해안과 섬들로 이루어진 곳으로, 원주민 켈트족들은 바이킹과 앵글로색슨족들의 괴롭힘을 당해왔다.

1905년 케네디 프레이저는 헤브리디스 군도에 흩어져 있던 노래들을 모아 1909, 1917, 1921년 그리고 1924년에 발표를 한다. 이 음반은 1981년 영국의 하이페이론으로부터 라이센스를 받아 미국 Musical Heritage Society에서 1984년 나왔다.
그중 9번째 노래 The Reiving Ship 해적선, 단순한 노랫말과 후렴으로 이루어진 노래는 바이킹들의 해적 활동을 묘사한다. 야성의 거친 음률이 영혼을 아름답게 타락시킨다. 그것은 우리에게 너무나 익숙한 우울인지도 모른다. 여기서 그녀는 해적선을 의미하는 것으로 노랫말이 은유적으로 표현되어 있다. 노래 가사는 갈릭어(캘트어)로 되어 있다.

아 호 하이 히럼 보!
그녀는 아침 일찍 출항한다
아 호 하이 히럼 보!
찌푸린 눈살마다 번뜩이는 눈빛으로
아 호 하이 히럼 보!
그녀는 아침 일찍 출항한다
아 호 하이 히럼 보!
그녀의 잿빛 발아래 물결은 짓이겨지고
아 호 하이 히럼 보!
와드득 부서지는 파도는 모래톱까지 밀린다
와드득 부서지는 파도는 모래톱까지 밀린다
아 호 하이
아 호 하이 히럼 보
그녀는 아침 일찍 출항한다
유쾌하게 뮬러의 해협을 지나
카일과 모일 섬을 휩쓸고 먼 푸른 섬으로
그녀는 사랑하는 섬들로,
칼날과 웃음이 번쩍이는 섬들로 뛰어오르네
아 호 하이
아 호 하이
사랑하는 섬들을 향해
새벽 일찍 그녀는 해적질을 떠나네, 아 호 하이

『나는 신은 언제나 예술의 반대편에 있다고 말했다.
지금도 그 믿음에는 변함이 없다.』

-에드워드 엘가

클라리넷을 싫어한 작곡가
-모차르트: 피아노협주곡 22번 E플랫 장조 K.482

은행잎들이 날리는 골목길을 간다.
낙엽들이 지나온 길을 돌돌 거두어
서둘러 겨울 속으로 달려간다.
은행나무는 졸고 까치가 한 마리
나무의 투명한 잠으로
제 울음 속을 가득 채우고
목이 쉬어 당나귀처럼 울며 따각따각 걸어간다.

오늘은 12월이 시작하는 날이다. 유명한 작곡가의 곡이면서도 잘 연주되지 않는 12월에 만들어진 곡이 있다.
모차르트 피아노협주곡 22번이다.
이 곡은 1785년 12월에 작곡되었는데 후기작이면서도 그의 다른 후기 곡들에 비해 잘 연주되지 않는다.
모차르트의 곡들이 대부분 경쾌하고 산뜻하면서도 그 안에 우수를 띄고 있지만 이 곡은 보다 장중하고 직설적이다.

특이한 것은, 피아노 또는 포르테 피아노와 오케스트라를 위한 협주곡인 이 곡엔 클라리넷 파트가 삽입된 것이다.

모차르트는 본래 클라리넷을 말울음소리 같다 하여 몹시 싫어했다. 악보에 들어간 전체 악기는 솔로 피아노와 플루트, B플랫 클라리넷 둘, 바순 둘, 혼 두 개, 두 개의 트럼펫, E플랫과 B플랫의 팀파니 두 개, 그리고 현 파트로 이루어져 있다.

제 2악장의 안단테는 느린 변주 악장으로 주제와 C단조의 변주로 이루어져 있는데, 그의 다른 E플랫 장조 협주곡들인 K271이나 K364의 느린 C마이너 악장과 비슷한 느낌을 준다.

모차르트의 아버지 레오폴트는 딸 난네에게 보낸 편지에서 곡 전체가 느린 악장이 반복되는 느낌이라고 놀라움을 표시한다.

음악가와 피자 한 판의 차이
-마스네: 피아노협주곡 E플랫 장조

피아노 레슨을 받고 나오는 두 아이 중 한 아이가 말했다.
피아노를 열심히 연습해서 비르투오소가 될 거라고,
유명해지면 음악을 그만둘 거라고.
그리곤 엄마 아빠가 실망하는 모습을 꼭 보고 싶다고.

한 악기의 비르투오소가 된다는 것은 보통 사람들이 상상할 수 없는 피나는 노력과 훈련을 요한다. 거기에 부모의 압력을 받는 아이라면 그 정신적 고통은 말할 수 없을 것이다.
요즘 클래식과 국악 같은 순수음악을 하는 사람들이 트롯을 기웃거린다. 음악가와 피자 한 판의 차이는 음악가는 자신의 한 끼 식사를 책임질 수 없지만, 피자 한 판은 네 식구의 한 끼 식사를 해결할 수 있다는 웃픈 이야기가 있다.
모 TV 트롯 경연에서 독일 베를린 대학 음악 박사 학위를 받은 참가자가 자신보다 십분의 일도 음악적 노력을 하지 않은 심사위원으로부터 쓴소리를 듣는 것을 봤다. 순수음악의 현주소를 보는 것 같아 역시 슬픈 일이었다.

19세기 후반에서 20세 초반에 걸쳐 프랑스의 음악은 질적 양적으로 매우 풍부한 시기로 뛰어난 교향곡과 협주곡들이 가끔 보인다. 까미유 생상스와 세자르 프랑크의 대규모 교향곡에 맞서 여러 유명한 비르투오소 연주가들의 새로운 협주곡에 대한 요구가 있었고, 이때 전통적인 기법에서 벗어나 새로운 길을 추구하는 마스네 같은 작곡가들이 등장한다.

마스네는 우리에겐 소품 타이스의 명상곡 하나로만 알려진 프랑스의 작곡가다. 그는 당대 누구보다 뛰어난 피아노의 비르투오소에 올랐지만 창작의 욕구를 어찌지 못해 작곡가가 된 그의 피아노 음악이 알려지지 않은 것은 너무 억울한 일이다. 피아노협주곡 E 플랫 장조는 흙 속에 묻힌 보석 같은 곡으로 가슴 깊은 곳에서 반짝반짝 영롱하게 울려 나온다.

음악의 신비주의자
-Cyril Scotte: Early One Morning

이렇게 아름답고 신비한 곡을 사람들은
왜 모르는 것일까?
시릴 스코트, 시인이며 작곡가,
신비주의자였던 그는 400곡이 넘는 곡을
남겼지만 조국 영국에서도 잘 알려지지
않았다.

이 곡을 듣고 있으면 잔잔한 음의 물결이
몸속으로 흘러 들어와
머리끝에서 발끝까지 투명한 물속이 된다.
방안을 나지막이 엿보는 햇살
한 가닥이 호수 깊이 헤엄치는 마음을 낚는다.

다작곡가로 알려진 스코트는 4백여 작품을 남겼다. 4개의 교향곡과 세 개의 오페라, 두 개의 피아노협주곡, 4개의 오라토리오와 바이올린, 첼로, 오보에 그리고 하프협주곡들과 여러 서곡들, 교향시, 다수의 실내악들 그리고 수많은 노래들을 작곡했다.
영국 피아노 음악의 개척자로서 1900년 초반 때 어느 영국 작곡가보다. 그리고 스크리야빈을 제외한 다른 나라의 어떤 작곡가보다 많은 피아노 작품들을 쓴 시릴 스코트는 1차 세계 대전 전의 영국을 보수적인 음악 환경과 독일의 영향력으로부터 벗어나도록 이끌었다.

버나드 쇼가 엘가의 두 번째 교향곡을 듣고 음의 조화에 대하여 깎아 내리는 듯한 말을 하자 자신의 곡은 스코트를 따라서 그대로 씌어졌으니 참견하지 말라고 대꾸했다는 재미있는 이야기가 있다. 유진 구센스가 스코트를 가리켜 영국 현대 음악의 아버지라고 한 것처럼 스코트는 작곡가로서 드뷔시, 리하르트 슈트라우스, 이고르 스트라빈스키만큼의 다양성을 갖춘 작곡가로 칭송을 받았다. 심지어 당시 악보가 여러 번 재인쇄에 들어간 스코트의 1914년 피아노협주곡을 한때 극찬했었지만 스코트더러 영국의 모던 음악을 망치고 있다고 신랄하게 비판했던 소라빌도 이 곡은 매력적인 작품이라고 찬사를 했다.

2차 세계 대전이 일어나면서 스코트의 인기는 하락하고 그의 작품은 별로 연주되는 일이 없었으며 91세까지 자신의 이전 몇 작품들을 수정하는 일 외엔 이렇다 할 음악 활동을 하지 않았다.

음악과 아이러니
-프로코피에프: 피아노협주곡 1번

아직 학생 신분으로 처음 피아노 콩쿠르에 참가한 프로코피에프의 연주의 템포는 화려하고 장려했다. 지칠 줄 모르는 그의 연주에 청중들은 환호했다. 청중들은 자신의 감각을 젊은 피아니스트에게 맡기고 안심했다. 그러나 그의 음악 속에서 뭔가를 찾으려는 비평가들은 절망했다. 음악의 쓰레기 덩이, 미친 사람이 쓴 작품, 난폭한 죄수에게 입히는 옷, 고귀하고 깊은 음악성을 담을 용량의 부족, 음악으로 불릴까 두렵다. 등 최악의 평들을 쏟아냈다. 그러나 아이러니컬하게도 그들의 악의적이고 신랄한 비판은 프로코피에프에게 세상의 관심과 명성을 가져다준다.

만약 프로코피에프의 재능을 가지고 있는 작곡가나 피아니스트라면 조금만 보여주어도 괜찮다. 성 페테르부르크 컨서버토리에서 공부하고 있던 22살의 청년에겐 1912년 피아노 콩쿠르에 참가해서 자신이 작곡한 곡을 연주한다는 것은 자신의 모든 것을 투명하게 보여주는 일이었다. 그랜드 피아노를 받고 루빈스타인 상을 타기 위해 모든 실력을 발휘하고 그는 우승을 했다. 그는 이 곡을 모스크바에서 몇 개월 전에 초연을 했는데 두 상황에서 비평가들의 반응은 엇갈렸었다. 어떤 평론가들은 금속성일 만큼 강하게 밀어붙이길 원했고 다른 평론가들은 그의 곡이 너무 시끄럽다고 평했다. 그러나 아무도 연주 의자에 앉은 젊은이의 빛나는 손가락의 움직임은 부정하지 못했다. 피아노협주곡 D플랫 장조는 작곡가와 연주가에게 투명한 쇼케이스였다. 시간을 가지고 서서히 끌어 올려 한꺼번에 분사시키는 전통적인 것을 무시하는 곡이었다. 도입부의 마디들은 장엄하고 로맨틱한 주제를 이끌어 가는데 그것은 잠시 뭔가를 숨기기 위한 것이었다. 그는 그 이후로는 건반의 빠른 움직임을 즐겨 사용하고 있기 때문이다. 그것은 모두가 그의 순수한 재능이며 매우 유머러스한 것이기도 했다.

피아노와 현이 함께 날아오르는 오프닝 멜로디는 1분간 지속되다가 협주곡은 급히 스타카토로 들어간다. 이와 함께 오케스트라가 반주를 받쳐주면서 곡은 드라마틱하고 조금은 불안하게 나아가는데 피아노가 장난스럽게 가벼운 연주를 한다. 꿈을 꾸는 듯한 우울한 현의 패시지가 두 번째 악장을 시작하고 잠시 피아노는 재즈를 연상시키는 무드를 연주한다. 그러다가 3악장에서는 급히 돌아오고, 오케스트라는 장난치듯 시시덕거리며 연주를 한다. 피아노가 심각하게 뒤따라와 현과 경주를 하듯 한 방향을 향해 차례로 튀어 나가고 이글거리는 화구 속으로 총주가 끓어오르며 오프닝 주제로 다시 돌아가 왁자지껄하게 피날레를 장식한다.

LP음반으로 이 곡을 들으면 독주자와 오케스트라 멤버들에게서 위트의 요소들을 하나하나 정밀하게 끌어내는 극미세 잡음 같은 것을 듣는 것 또한 놀라운 일이다. 모방을 싫어하는 프로코피예프의 음악을 듣는 것은 상투적인 것들로부터의 탈출이다.

검은 티티새의 노래
-Olivier Messiaen: Le Merle Noir

입춘일, 창문 앞 살구나무에
작은 새가 한 마리 앉아
방안을 들여다본다.
나무는 우리 집 내력 깊이
뿌리를 내려
봄기운을 빨아올렸고
새는 사람의 말로 운다.

올리비에 메시앙의 플루트와
피아노를 위한 실내악곡을
턴테이블에 올린다.
조성도 박자의 표시도 없다.
리듬과 선율과 새소리와
난무하는 침묵의
인상주의적인 색채가 봄볕처럼 따뜻하다.

음악의 마녀사냥
-Mike Hannickel: Concerto for Triangle

한 트라이앵글 연주가가 분개하여 악기점에 들어왔다. 점원에게 트럼펫을 가리키며 그걸 사겠다고 했다. 반대쪽 진열대에 놓여있는 어코디언도 같이 사겠다고 했다. 그는 유명 악단의 단원이었는데 연주의 실패 원인을 트라이앵글 주자인 자신에게 돌린다는 것이었다.

마녀사냥이란 말이 있다. 중세 시대 사회적 혼란기나 전염병이 창궐하여 신에 대한 믿음이 약화될 때 그 원인을 과부, 노처녀 같은 사회의 가장 약자들에게 전가하여 그들을 잡아 처형함으로써 교회 기득권을 유지하려 했던 비열한 역사적 사건이었었다.

트라이앵글은 오케스트라에서 관악기 현악기는 물론 모든 타악기들이나 손바닥 안에 들어가는 캐스터네츠보다 존재감이 미미하다. 그런 트라이앵글에게 모든 관현악 성패의 책임을 묻는다는 것은 현대정치사회의 속성에 대한 패러디로 보인다. 그 트라이앵글 연주가는 미국의 뛰어난 트럼펫 주자 겸 유명 음악교육자였다.

이 트라이앵글 협주곡의 악보엔 솔로 파트가 거의 모두 쉼표로 되어있다. 마치 존 케이지 4분 33초의 텅 빈 악보를 보는 것 같다. 트라이앵글 주자는 가만히 서 있거나 아무런 소리도 내지 않고 상황에 맞는 퍼포먼스를 보여주기도 한다. 그리고 중간에 두세 번의 단음이 있지만 들리지 않고 마지막 곡이 끝날 때 들리는 듯 마는 듯 단 한음을 낸다. 벌거벗은 임금님 이야기의 나쁜 사람이 되지 않기 위해 청중은 트라이앵글의 소리가 들리는 것처럼 앉아있어야 하는지도 모른다.

사진 - 배흥배

억울한 코렐리
-Arcangelo Corelli: 12 Concerti Grossi Op.6-8

우리가 알고 있는 서양 클래식 음악가들은 주로 독일권 음악가들이다. 그러나 뛰어난 이탈리아 음악인들은 잘 모른다. 슈만이 화려한 필체로 음악 평론을 하면서부터 독일권 음악가들을 주로 다루었기 때문이다. 베를리오즈 시대만 해도 로마 음악제에서 인정받아야 비로소 일류가 되는 시대였다. 그의 환상교향곡과 로마 음악제에 대한 이야기는 유명하다. 그처럼 슈만 이전엔 서양 음악의 중심이 이탈리아였던 것이다. 라 폴리아 바이올린 소나타 하나만으로 알려지기엔 너무 억울한 이탈리아의 아르칸젤로 코렐리와 콘체르토에 대한 이야기다.

이탈리아 말 콘체르토(concerto)는 모든 성악과 거기에 따르는 기악을 포함하는 표현하는 것으로 17세기 초 교회 음악 콘체르티 에셀시아스티키와 실내 음악 콘체르티 디 카메라와 구별되는 말이었다. 18세기 후반에 이르러 콘체르토는 오늘날 사용되고 있는 기교적인 것들을 포함하는 보다 광범위한 개념으로 발전하였다. 그 뿌리는 18세기 이탈리아 작곡가 아르칸젤로 코렐리가 발전시킨 소규모 독주 악기들의 연주나 통주저음을 담당하는 현악 앙상블에 두고 있다. 로마의 팜프힐 궁전에서 초연된 코렐리의 초기 콘체르티 그로시(합주 협주곡)는 질서와 음악의 희유를 반영하는 이탈리아 바로크적 양식을 잘 나타내고 있다.

'코렐리가 여기저기 낸 자국들은 참 멋지다.
코렐리 외에 그런 멋진 자국을 낸 사람은 아무도 없다.'
-로저 노스 (1653~1734 작가 겸 음악가)

사후 발간된 12곡으로 묶은 코렐리의 대작 Op.6 콘체르티 그로시는 각각 4에서 6악장들로 된 전형적인 코렐리의 형식을 보여주는데, 두 대의 바이올린과 저음 첼로로 구성된 3중 콘체르티노(소협주곡)와 하프시코드가 포함된 큰 규모의 현악 앙상블 리피에노(튜티 통주저음)로 이루어져 있다. 때로 코렐리는 콘체르티노 부분을 네 명까지 더 늘리기도 한다. 첼로와 하프시코드가 담당하는 바소 콘티누오는 음악의 전체적인 구성을 이끌면서 독주자들과 반주 그룹의 멜로디와 하모니가 그 프레임 안에서 이루어진다.

이렇게 코렐리는 대비되는 악기의 효과를 이용해 음악의 극적인 표현을 모색한다. 가끔 콘체르티노 연주부와 통주저음 파트가 교차되는 드라마틱한 병치를 통해 각 악절 간의 변화를 생생하게 표현한다. 그의 음악의 범위는 정교한 긴장감이 감도는 느린 고요한 아다지오에서 고춧가루를 뿌린 듯 불꽃 튀는 각 앙상블 간의 변화까지 포함한다. 이런 코렐리의 하모니 기법은 당시 르네상스의 다성 음악의 절대적인 신봉에서 벗어나 보다 안정적인 음악의 핵심을 추구하는 화음 배열과 카덴차로 이동하는 경향을 보이던 바로크의 양식 변화를 지속적으로 이끌었다. 코렐리의 작품들은 동료 음악인들과 후원자들의 찬사를 받는다. Op. 6 콘체르티 가운데 '크리스마스 밤을 위해'란 부제가 붙은 8번 G단조는 그의 후원자 피에르트로 오토보니 추기경의 위촉으로 작곡되었는데 크리스마스 협주곡이란 이름으로 오랫동안 인기를 끈 곡이었다.

코렐리가 이전에 그의 48개의 트리오 소나타에서 악기들의 협주적 컴비네이션을 이미 시도하긴 했지만 이후 작은 규모의 실내악 작품들에 대한 큰 영향을 끼친 요인으로 그의 콘체르티 그로시를 빼놓을 수는 없다. 코렐리의 어떤 곡은 80명이나 되는 많은 연주 인원을 필요로 했는데, 당시 오케스트라의 보통 인원이 20명 내외였다는 것을 감안하면 대단한 것이었다. 1789년 코렐리 사후 70년이 지나 영국의 연주가 겸 작곡가며 음악 사학자였던 찰스 버네이 박사는 이렇게 썼다. '코렐리 음악 효과는 장엄하고, 엄숙하고, 숭고하여 어떤 비평도 할 수 없다.' 이처럼 그의 음악은 모든 작곡가들에게 오늘날까지 영향을 주고 있다. 바흐가 음악의 아버지라면 코렐리는 음악의 할아버지란 명칭이 주어져야 마땅하나 오늘날 서양 클래식 음악에서 그에 대한 일반인들의 미미한 인식은 코렐리로선 너무 억울한 일일 것이다.

『도전은 소리를 변화시키는 것이 아니다.
그것은 뭔가 특별한 것을 발견하게 하고 창조해내는 것이다.』

-구스타보 두다멜

엄격하고 고상한 음악에로의 여행
-J.S. 바흐: Duetto No. 4 in A minor, BWV 805

낡은 타자기에서 시계 소리 들렸다

자판이 가리키는 시간 속에서

소비되는 음악

비용은 손가락 끝에서 올라가고

빙글빙글 도는 턴테이블과 의자를 가까이 붙이고

바흐의 유작을 듣기 위해

바로크 코트는 윈도우에 걸렸다

흰 머리에 붉은 빵모자를 쓴 교황을 위하여

오래된 나무의자를 딛고 유리성당을 쌓는 늙은 DJ

뛰어내린 창문 안으로 얽힌 팔에게 스스로 묻고

한 번 풀리는 걸음으로 두 갈래로 갈리는 길에

핀 할미꽃을 바라보며

활짝 웃는 돌부처가 되었다

시곗바늘이 더듬는 그의 둥근 안경이 한 점, 점으로 남을 때

-시 『오래된 음악실』 전문

이 작품은 다양한 템포의 변화에 대한 해석이 있지만 조금 느린 것이 듣기에 좋다. 느린 템포가 이 곡에 좋은 것은 바흐의 시계처럼 정확하고 정밀한 음의 진행을 느낄 수 있기 때문이다.

첫 도입부는 알베르티 양식의 엄격한 푸가 기법을 따르고 있는데, 곡은 두 개의 선율로 진행되면서 고뇌의 굴곡을 거쳐 멜랑콜리한 분위기로 흐른다.

이 곡은 매우 냉철하다. BWV802/805 4곡을 모두 들어보면 생기가 솟아오르는 것 같은 느낌이 들어 다시 듣고 싶은 생각이 든다. 평소 기계적인 정확성에 감정을 가두는 바흐를 좋아하는 편은 아니지만 이 곡은 독일풍의 엄격하고 고상한 음의 세계로의 여행을 하는 기분이 들게 한다.

보이지 않는 도시
-림스키 코르사코프: The Legend of the Invisible City of kitezh

림스키 코르사코프의 대작 오페라 『보이지 않는 도시 키테슈와 성녀 페브로니야의 전설』은 러시아판 파르지팔로 불리는데, 파르지팔은 1882년에 초연된 바그너의 서사적 오페라다. 코르사코프와 바그너의 두 오페라 사이의 유사점은 종교와 자연의 판타지로서 각각 〈신성의 샘〉과 〈현자의 샘〉이란 고난의 신성한 목표를 찾아간다는 내용이다.

어떤 비평가들은 오페라의 의도가 구원에 있다고 하지만, 그보단 두 오페라 모두 인간의 연민에 있다고 보는 것이 옳다.

지금까지 가장 강력한 인상으로 남아있는 디미트리 체르니아코프의 네덜란드 국립 오페라 공연은 본질적으로 러시아의 자연과 러시의 분위기를 그대로 나타낸 것이었다.

러시아의 키테슈는 선지자가 타타르족과 서방 교회의 공격을 피해 오랫동안 이동하다 정착한 곳이다. 동로마 제국의 요안니스 1세가 창설한 근위대 아타나토이는 선지자를 수행하며 보호하고 함께 키테슈에 머문다.

그러나 트리니티가 이끄는 타타르 군이 쳐들어오고, 이를 물리치기 위해 전쟁에 자원한 아타나토이들은 〈신성의 샘〉으로부터 불멸의 능력을 받고 싸우지만 수세에 몰리자 빙하를 이용해 〈신성의 샘〉과 함께 타타르 군들을 묻어버린다. 그리하여 적군은 전멸했으나 키테슈의 주민들은 몰살당하고 생존자들은 뿔뿔이 흩어진다. 10년 후 선지자가 다시 돌아오고 불멸의 힘을 갖게 된 아타나토이들은 수백 년 동안 〈신성의 샘〉을 지킨다는 내용이다.

4막짜리 오페라 『보이지 않는 도시 키테슈와 성녀 페브로니야에 대한 전설』의 대본은 블라드미르 벨스키가 쓴 것으로 러시아의 전설, 성녀 페브로니야와 타타르의 공격으로 사라진 도시 키테슈의 전설에 기반을 두고 있다.
오페라는 1905년 완성되었고, 1907년 2월 7일 성 페테르부르크의 마릴린스키 극장에서 초연되었는데 그때는 림스키 코르사코프의 생애의 말년이었다. 제목의 보이지 않는 도시 케테슈 모음곡은 관현악 기법의 천재인 림스키 코르사코프의 선명하고 서정적인 색채감을 느끼게 해준다.

세상의 모든 아침
-Jean Baptiste Lully: Marche pour la cérémonie des Turcs

17세기의 곡, 매우 희귀한 곡, 300년이 더 지난 지금도 눈가를 적셔주는 곡이 있다. Tous Les Matins Du Monde(세상의 모든 아침), 1곡 Marche Pour La Cérémonie Des Turcs(터키의 의식 행진곡)부터 시작하는 전체 16곡은 하나같이 애잔하다. 스토리는 영화로도 나왔고 작가 한수산의 에세이로 먼저 나왔다.

쌩뜨 꼴롱보는 가죽으로 묶은 노트에 새로운 곡을 써 내려갔다. 그는 그 새로운 작품들을 발표할 생각도 없었고 대중들의 평가를 받고 싶지도 않았다. 그 작품들은 한순간에 쓴 즉흥곡들이고 별생각 없이 썼기 때문에 완성된 것들이 아니라고 그는 말했다. 영감이 떠오르거나 한가한 시간이면 그는 시냇가로 가서 꿈에 잠기곤 했다. 무더운 여름엔 그는 신발과 셔츠를 벗고 시원한 물속으로 천천히 들어갔다. 목까지 차오르는 물속에서 손가락으로 귀를 막고 그는 얼굴을 물에 담갔다.

어느 날 그는 잔물결을 물끄러미 바라보다 꿈을 꾸었다. 그는 어두운 물속으로 들어가 거기 가만히 있었다. 그는 세상에서 사랑했던 모든 것들을 포기했다. 악기들과, 꽃들과, 페이스트리와, 롤스코어와, 얼굴들과, 접시들과 그리고 와인을 잊었다. 꿈에서 깨어나 그는 〈후회의 무덤〉이 떠올랐다. 그의 아내가 세상을 떠나던 날 밤 썼던 곡이다. 그는 갑자기 목이 말랐다. 그는 일어나 나뭇가지들을 붙잡고 냇가 둑을 기어 올라가 그의 지하실로 내려가서 밀짚으로 덮어둔 몰드 와인을 한 병을 찾아냈다. 그는 평소에 비올을 연습하던 정원의 헛간으로 갔다. 그곳은 아무에게도 소리가 들리지 않는 곳이어서 누구에게도 평가받지 않고 손가락 운지며 보잉 동작을 마음대로 연습할 수 있는 공간이었다.

그는 야자수 섬유로 싼 와인 병을 악보 스탠드가 놓인 테이블을 덮은 하늘색 천위에 올려놓았다. 그 옆에 허니콤 케이크를 채운 와인 잔을 놓고 그는 〈후회의 무덤〉을 연주했다. 그는 악보를 볼 필요가 없었다. 손가락이 저절로 악기의 지판을 따라 움직이자 그는 울음을 터트렸다. 멜로디가 피어오르고 문 옆에 창백한 여인이 서 있다. 그녀는 그에게 미소를 지으며 손가락으로 말을 할 수 없다는 표시를 한다, 그의 연주를 방해하지 않으려는 듯. 그녀는 그의 악보 스탠드의 주위를 조용히 돌아서 와인 병이 놓인 테이블 옆에 있는 뮤직 트렁크에 앉아서 그의 연주를 듣는다. 그녀는 그의 아내였다. 그의 눈에선 눈물이 흘러내렸다.

미쳐가는 음악
-베토벤: 론도 카프리치오

자동차 키를 어디에 놔두었는지
생각이 나지 않을 때는
베토벤의 론도 카프리치오소를 생각한다.

잃어버린 금화로 제목을 바꾸어보면
베토벤이 금화를 찾아 집안을 들쑤시며
보내는 밤이 연상된다.

이 곡의 제목은 베토벤 자신보단
출판사에서 붙인 것으로 보이는데,
다음에 이 론도 곡을 들을 땐
툴툴거리며 집안을 분주히 뒤적이는
베토벤을 떠올리고 킬킬 웃으며
음악을 감상하는 것도 재미있을 것 같다.

텔레만과 바흐
-텔레만: 두 대의 바이올린을 위한 협주곡 TWV52:G2

바흐는 서양 클래식의 아버지라고 불릴 만큼 많은 곡을 썼고 대위법을 완성시켜 음악사에 뚜렷한 업적을 남겼다. 그러나 바흐가 남긴 곡들 중 비발디나 텔레만, 알비노니 같은 다른 작곡가들의 협주곡들을 필사해서 악기의 배치만 다르게 한 것들이 상당수 있다. 그리고 자신의 곡들 중에도 독일에 작자 미상으로 전해 내려오던 음악들을 정리한 것들이 많다.

1707년 이전에 작곡된 것으로 추정되는 BWV 912a나 BWV 967 같은 초기 작품들 중 협주곡 양식을 보여주는 것들이 있지만, 바흐가 협주곡 장르에 손을 댔다는 것을 기록으로 확인할 수 있는 시기는 1709년경이다. 이때는 바흐가 바이마르에 두 번째 머물며 1700년에 작곡된 알비노니의 신포니아 콘체르티 Op.2의 콘티누오 부분을 필사했던 시기다. 그가 처음 1702년부터 1년간 그곳에 체류하고 있을 때 바이마르 궁정 부 악장 요한 빌헬름 드레제가 가져온 이탈리아의 초기 작품들을 이미 접한 적이 있는 바흐였다. 1709년 비르투오소 바이올리니스트였던 요한 게오르그 파이젠델이 바이마르를 방문했는데 토렐리와 함께 공부하면서 바흐에게 더 많은 이탈리아 협주곡들을 소개했다. 같은 해 바흐는 텔레만의 두 대의 바이올린을 위한 협주곡 G장조 TWV 52:G2 전 곡을 필사했다. 이 곡 또한 파이젠델이 바흐에게 넘겨준 것이었다.

텔레만과 바흐는 바흐가 그의 고향 아이젠나흐의 궁정 음악가였을 때부터 잘 아는 사이였다. 텔레만의 솔로 바이올린을 위한 협주곡 TWV 51:g1도 바흐가 자신의 BWV 985 하프시코드를 위한 곡으로 편곡했는데, 바흐의 두 대의 바이올린을 위한 다른 아이젠나흐 협주곡들도 텔레만의 곡들을 이때 편곡한 것들이다. 여기에 더하여, 바흐의 칸타타 〈나는 무덤 속에 발을 딛고 서 있네〉의 오픈 신포니아도 텔레만의 오보에 협주곡 TWV 51:G2의 느린 악장을 베껴 쓴 것이다. 바흐가 라이프치히에 있을 때 쓴 그의 BWV 156이나 하프시코드 협주곡 F단조 BWV 1056의 느린 악장도 그랬다.

음악과 시간
-Takemitsu Toru: Rain Spell

음악의 시간은 우리의 마음의 흐름이다.
그 흐름은 나만의 지속적인 것이지만
그것이 타인에 의해서 연주될 수 있다는
것으로 그 시간은 객관적 성격을 가진 시간이다.

스위스의 명지휘자 에르네스트 앙세르메의
리듬 이론에 의하면
3박자는 인간의 휴식과 수면 시의
호흡과 신체 운동의 박자이고
2박자는 노동과 운동 시의
호흡과 신체운동의 박자이다.
우리는 3박자로 휴식하면서
가수의 2박자 운동을 보고 듣고 있는 것이다.

그러므로 한 음악을 주시하고 있을 때
그 관찰의 객관성이 중요시되는 것만큼
그 음악이 작곡가의 어떤 내적 현상을

나타내고 있는가를 파악하는 것이 중요하다.
그것보다 더 중요한 것은
3박자의 눈과 귀로
2박자의 운동이 갖는 의미를 파악하는데
처음 관찰의 객관성만큼의 객관성을 확보했느냐이다.

타케미츠 토르의 Rain Spell(장마)를 들으며
명시적인 메시지를 주지 않는다고 성급해 할 이유는 없다.

잃어버린 협주곡
-리스트: Piano Concerto in the Hungarian Style

리스트의 피아노협주곡 헝가리안 스타일에 대한 학설은 명확하게 알려진 것은 없다. 분명한 것은 1892년 소피 멘터의 요구에 의해 차이코프스키가 그녀가 건네준 자료로 피아노와 오케스트라를 위한 협주곡 악보를 쓸 준비를 하고 있었다는 것이다. 또 하나 확실한 것은 차이코프스키가 이 악보가 출판된 지 1년 후에 세상을 떴는데 악보가 차이코프스키의 출판 집에 보이지 않는다는 것과 출판된 악보가 상당부분 수정된 부분이 보였다는 것이다. 이 작품에 차이코프스키가 얼마나 관여했는지는 확실하게 나타나 있지는 않고 일정 부분 약간은 관계가 있는 것으로 보이지만 다음과 같은 의문점이 남아있다.

당시 유명한 피아니스트이자 살롱음악을 작곡했던 소피 멘터가 이 곡을 작곡했느냐, 리스트가 했느냐, 아니면 리스트가 1885년 멘터의 성에 2일간 머물고 있을 때 멘터를 위해 곡을 써준 게 아니냐 하는 의문이다. 골레리히는 그의 일기에서 이 작품을 언급하면서 리스트가 이 곡을 완성하는 데 어려움을 겪었을 것이라고 쓰고 있다. 눈도 나빴고 건강 상태가 좋지 못해 그가 오랫동안 손대지 않고 있었던 예전의 초 기교적인 스타일로 작품을 쓰기가 힘들었지만 그는 또 하나의 비르투오소적인 작품을 남겼다는 것이다. 리스트는 1885년 8월 3일 멘터에게 보낸 편지에서 소피 멘터 협주곡을 쓰기 시작했으며 멘터의 이터 성에서 완성될 것이라고 쓰고 있다.

여기서 리스트가 편지에서 언급하고 있는 작품이 지금 말하고 있는 헝가리 스타일 피아노협주곡인지 단언할 수는 없지만 그럴 개연성이 높아 보인다. 전반적으로 이 곡이 주는 느낌은 일부 리스트의 풍이 아닌 곳도 보이지만 멘터가 자료들을 모은 것이 사실이고(그 자료들은 리스트의 작품 속에선 보이지 않지만 헝가리안 랩소디나 로만쯔 등에선 비슷한 가락이 보임)리스트가 2일 동안 악보를 쓰는 것을 도왔다면 적어도 이 작품은 리스트와 멘터의 합작이라는 이야기가 된다.

또 분명한 것은 이 작품에 관한 하나의 가설이기도 하지만, 리스트가 멘토에게 이 곡을 차이코프스키에게 주어서 관현악으로 편곡해달라고 부탁할 때 리스트 자신의 이름을 언급하지 말라는 이야기도 했을 거라는 것이다. 당시 차이코프스키는 자신이 쓴 오페라 예프케닌 오네긴의 폴로네이즈를 리스트가 편곡한 것을 못마땅하게 여기고 있었기 때문이다. 그래서 리스트의 이름이 멘터의 이름에 가려졌다는 것이다. 그 이유엔 이런 다소 엉뚱한 가설도 있다. 리스트의 툴레 왕의 노래와 리스트가 모차르트 원곡을 편곡한 곡을 차이코프스키가 무단으로 오케스트라 곡으로 편곡한 이유도 있다는 것이다.

그리고 차이코프스키가 그의 일기에서 리스트를 늙은 제수이트(예수회 사람)라고 언급한 것을 보더라도 적어도 리스트가 차이코프스키 외 다른 작곡가들, 이를테면 브람스 같은 작곡가들의 작품을 더 많이 편곡한 것에 비해 차이코프스키 자신의 것은 소수이므로 덜 불쾌했을 거라는 것이다. 어떤 경우이든 이 작품이 차이코프스키의 작품집에서 빠져있는 것이 그렇게밖에(리스트의 작품이라고) 생각할 수가 없게 한다.

차이코프스키가 이 작품이 만들어질 때 어떤 역할을 했는지는 알 수 없지만 코다 쪽으로 갈수록 차이코프스키 피아노협주곡의 그것과 화성이 비슷하다. 섣부른 판단일지는 모르지만 이 작품엔 리스트 풍의 피아노 기교가 많이 들어있는데, 특히 앞부분이 눈에 띈다. 이 작품의 구조는 헝가리안 판타지 같은 작품들에서 영감을 받은 것은 확실하다.

곡은 처음에 오케스트라에 의한 주제로 시작하고 다시 되풀이되지 않은 채 피아노의 카덴차가 나타나면서 침발롬(하프의 일종)을 연상시키는 연주가 아르페지오 화음으로 깊고 풍부한 감성의 안단테로 이어진다. 하나의 알레그로 변주와 다른 카덴차가 뒤따르고 알레그레토의 새로운 주제로 이어지는데, 처음엔 피아노가, 다음엔 오케스트라가 떠들썩하게 이어받는다. 안단테 주제가 다시 나타나고 카덴차가 뒤따르며 새로운 주제가 느린 안단테로 시작하여 계속된다. 한 번 더 안단테 주제가 나타나 알레그레토의 변주를 이끌고 피아노가 32분음표로 빠르게 끊임없이 연주를 한다. 호른이 새로운 주제로 안내하는 또 다른 카덴차가 나타나 잠시 진행되다 바로 코다에 이르는데 이 코다는 조금 더 빠른 안단테 주제에서 시작된다.

우리 지금 어디죠?
-크라이슬러: 서주와 알레그로

크라이슬러가 라흐마니프와 함께 미국의 카네기홀에서 연주하던 중 라흐마니노프에게 물었던 말이다.

청중이나 카메라 앞에 서면 원고나 악보를 까먹는 경우가 있다. 아무리 유명한 사람이라도, 심장이 튼튼한 사람도 그럴 때가 있다. 예전에 EBS TV에서 토론 패널로 참여할 때의 일화다.

토론 주제가 사전에 주어지므로 토론자들은 충분히 준비를 한다. 한참 말을 잘하고 있는데 갑자기 대형 카메라를 얼굴 앞에 바짝 들이댔다. 사방의 조명도 함께 집중했다. 얼굴만 환해지는 것이 아니라 머릿속까지 하얗게 되었다. 그리고 잇단 앤지.. 그것은 모든 참가 패널들이 그랬다. 1시간 분량을 촬영하는 데 4시간이 걸렸다. 지금은 질 좋은 줌 렌즈들이 발달하여 방송국 스튜디오에서 예전처럼 단 렌즈를 얼굴 앞까지 들이미는 경우는 없지만 그때 KBS 1TV와 MBC TV 출연 시에도 같은 경우가 반복되었다. 카메라만 얼굴에 들이대면 말문이 막히고, 더듬고.. 평생을 연필과 카메라를 들고 살아왔는데도, 남의 카메라 앞에만 서면 뻣뻣해지고 어색해지는지 모르겠다.

세계적인 거장도 카메라 앞에서 벗어나지 못하나 보다. 중국의 세계적인 피아니스트 윤디 리가 우리나라에 왔을 때 쇼팽의 피아노 협주곡 1번을 연주하는데 중간에 몇 번을 악보를 까먹고 더듬거리다 결국엔 연주를 포기하고 만 일이 있다.

더 거슬러 올라가면 음악사에 있어 〈사랑의 기쁨〉으로 유명한 바이올리니스트 프리츠 크라이슬러가 역시 당대 최고의 피아니스이자 작곡가인 라흐마니노프와 카네기홀에서 연주할 때 재미있는 에피소드가 있다. 크라이슬러가 연주 중에 악보를 놓치고 당황하여 라흐마니노프에게 물었다.
"Where are we?(우리 지금 어디에 있죠?)"
지금 우리 어디 연주하고 있느냐고 묻는 것인데 라흐마니노프는 "In Carnegie Hall, Sir.(카네기홀에 있습니다.)"라고 대답했다.

크라이슬러 하면 먼저 〈사랑의 기쁨〉과 〈사랑의 슬픔〉이 유명하지만 그의 서주와 알레그로는 정경화가 녹음하여 영국의 데카 음반으로 발매한 일이 있어 우리에겐 친숙한 음악이다.

『자신이 무엇을 하며 사는지 모르는 사람들이 많다.
그러나 나는 언제나 내가 원하는 것이 무엇인지 안다.』

-니콜라 베네데티

음악의 수채화
-Paul Hindemith: Konzertmusik op.49

하루는 담담하게 흐리고, 하루는

느긋하게 바람 불어

다른 하루가 여유로울 때

다시 하루를 채우는 막막한 비애로

관상을 읽는 죄스런 날들은 흘러갔다

부딪쳐 멀어진 대로

깎인 얼굴 되돌려져서 낯익을 때까지

-시 『되돌려져 낯익을 때까지』 부분

헨데미트의 콘서트 뮤직 op.49는 악기의 구성과 음악 형태에 있어서 바로크 시대에서 영향을 받았다.

개개의 악기 파트가 자유롭게 연주되는 것은 바흐의 브란덴부르크 협주곡과 매우 흡사하고, 음악 형식은 18세기 초기의 작곡법과 비슷하다.

독일 태생의 힌데미트는 현대 음악가이면서도 음악은 결코 어려워서는 안 된다는 지론을 가지고 있었다.

2악장의 매우 조용하고 차분하게 변주되는 그의 음악을 들으면 전혀 현대 음악의 느낌이 들지 않는다.
모던 음악을 표방하면서도 연주자나 청중이나 모두에게 즐거움을 주는 음악이다.

사회적인 의붓자식 음악의 낭만
-Hanson: Symphony No. 2, Op. 30 Romantic

하워드 한신은 1896년 10월 28일 미국 네브라스카의 와후에서 태어났다. 부모가 스웨덴 사람들로 그의 핏속엔 북구의 기질이 강하게 흘렀다. 어린 시절 와후에서 음악 수업을 시작하고 후엔 뉴욕과 노스웨스턴대학에 있는 음악 예술연구소에서 공부했다.

20세가 되던 해 그는 캘리포니아에 있는 태평양 대학에서 이론과 작곡을 가르치는 교수가 되고 스물두 살의 나이에 파인아트 컨서버토리의 학장이 된다.

한슨은 교향시 『새벽이 오기 전』과 〈캘리포니아 숲 놀이를 위한 음악〉으로 로마의 아메리칸 아카데미의 멤버쉽 자격을 획득한다. 그는 로마에서 3년을 머물면서 1923년 교향곡 1번을 초연하고 이듬해 로체스터에서 이 곡을 다시 연주했는데 그 자리에 참석했던 이스트만-코닥 회사의 사장 조지 이스트만은 너무나 만족하여 젊은 한슨을 이스트만 음악학교의 지휘자로 임명한다. 그의 탁월한 선택은 이 학교를 미국의 굴지의 음악 교육기관으로 성장시킨다.

한슨이 미국 음악에 공헌한 것은 레전드급이었다. 1925년 초 그가 동시대 음악을 시리즈로 발표하자 그의 명성은 교육, 지휘, 작곡과 음악 행정에 있어서 확고한 위치를 굳히게 된 것이다. 1944년 작곡된 그의 교향곡 4번으로 퓰리처상을 받고 이어서 여러 상들을 받는다.

한슨의 음악 스타일은 기본적으로 로맨티즘이었는데 자신의 감정을 주저 없이 표현하였다. 특히 그의 교향곡 2번은 수작으로 음악을 모르는 사람들에게도 쉽게 다가온다. 이 2번 교향곡은 보스턴 심포니 오케스트라의 50주년 기념일을 위해 작곡된 것이었다. 이 곡은 1938년 11월 28일 세르게이 코우세비츠스키의 지휘로 정기 연주회에서 첫 공연되었다.

이 곡의 첫 번째 공연에 즈음하여 하워드 한슨은 다음과 같이 쓰고 있다. "나의 두 번째 교향곡에 대하여 말하자면 부제가 의미하듯 전 곡에 걸쳐 로맨틱한 선율로 이루어져 있음을 분명하게 보여주는 곡이다. 물론 로맨티즘은 현시대에 있어서는 사회적으로 의지할 누구나도 없는 의붓자식, 신고전주의임을 나는 알고 있다. 그럼에도 불구하고 이 가엾은 의붓자식을 지금처럼 더 열렬하게 껴안고 간다면 로맨티시즘은 미국에서 새로운 싱싱하고 왕성한 성장을 할 수 있는 토양을 발견하리라 믿는다. 이 교향곡에서 나의 목표는 정신적으로 젊고, 기질적으론 낭만적이고, 표현은 단순하고 직접적인 작품을 만드는 것이다."

2번 교향곡이 초연된 지 거의 40년 후에 이루어진 이 녹음의 첫 복사본을 게르하르트로부터 받아서 듣고 매우 고무된 작곡자 한스는 그에게 1969년 2월 15일 편지를 쓴다.

"게르하르트 씨, 정말 기쁜 크리스마스 선물입니다. 교향곡의 적극적인 이해와 함께 이루어진 오케스트라의 기막힌 연주에 저는 너무나 만족합니다. 이 녹음은 분명 제가 가진 가장 소중한 것이 될 겁니다. 저는 특히 당신이 오케스트라를 완벽하게 관리했다는 것에 감사를 드립니다. 이 녹음은 제가 지금까지 가지고 있는 그 어느 녹음도 뛰어넘는 명확함을 실현했습니다. 이처럼 뛰어난 작품을 만들어 주신 게르하르트 씨에게 다시 한번 축하와 깊은 감사를 드립니다."

예술과 시간
-Rameau: The Arts and The Hours

비가 그친 뒤 사방이 적막하다.
고요함은 늘 나를 따라다녔으나
오늘의 적막은 특별하다.
몇 개의 시간 속에서
수십 개의 밤을 끌어내
라모의 헐렁한 음악에 헌정한다.

그는 나의 영혼을 아름답게 타락시킨다.
그것은 내겐 너무나 익숙한 우울이다.
새벽까지 기분 좋은 외로움을 느낄 때
날은 밝아오고
신선한 풍경에 심장은 뛴다.

비 그친 산 위를 넘어가는 안개,
안개가 찍는 발자국에서 빛이 난다.
그 빛의 단순함으로
과거에 누군가 느꼈을 풍경과 지금
내가 바라보는 풍경의 차이를 치열하게 느낀다.

심장이 뛰는 소리를 듣고 있는 것 같은 이 곡은 라모의 마지막 오페라인 서정 비극 『레 보레아레』의 간주곡을 올라프슨이 현대의 피아노곡으로 옮긴 것이다. 그의 이전 작품들에 비해 색채감이 풍부한 곡은 19세기의 말러를 떠올리게 한다.

그리스의 전설에서 줄거리를 가져와 쓴 본래의 오페라 간주곡은 'The Arrival of the Muses, Zephyrs, Seasons, Hours and the Arts'란 긴 이름이 붙여있는데, 당시 무대에 올린 이런 모든 신화적 이야기들은 예술과 지나간 시간과의 관계가 있었다. 올라프슨이 긴 타이틀을 줄여 〈예술과 시간〉이란 짧은 이름을 붙인 것은 라틴어로 번역된 '예술은 길고 인생은 짧다'의 그리스 아포리즘을 떠올리게 한다. 라모가 세상을 떠난 지 3세기가 흘렀지만 그의 예술의 유산은 점점 늘어나 새로운 작품들이 발견되고 초연되어 빛을 보고 있다.

모차르트의 알려지지 않은 이야기들
-모차르트: 미뉴엣 G장조 (4살 때 쓴 첫 작품)

80이 넘은 노 피아니스트가 고목나무 가지처럼 마디가 울퉁불퉁한 손가락으로 4살짜리 어린 아이가 작곡한 곡을 친다. 어린아이의 눈에 비친 세상을 노 피아니트는 어떻게 해석해야 하는 것일까? 천상의 긴장감을 느끼는 듯 이따금 꼬이는 손가락이 건반을 더듬거린다.

머리가 좋은 사람이 나면 먼저 모차르트와 비교를 한다. 모차르트는 그만큼 천재 중의 천재로 알려졌다. 그가 음악을 작곡하는 스타일은 쓰는 것이 아니라 자연의 소리가 그에게 다가와 그의 머리와 입과 손을 통해 음악으로 나오는 것이었다. 35세의 짧은 생을 살았지만 600여 곡의 남긴 그는 누구보다 음악적으로 장수한 셈이었고 그에 따른 이야기도 많다. 2002년 9.11 테러 1주기 때 당시 희생자들을 애도하기 위해 그의 레퀴엠이 전 세계에 울려 퍼진 것은 모차르트가 서양 음악사에서 차지하는 비중을 말해 준다.

□ 쿠스타프 말러와 지휘자 칼 뵘이 숨을 거둘 때 한 마지막 말은 "오, 모차르트"였다. 그만큼 모차르트는 음악가들의 정신적 스승이었다. 볼프강 아마데우스 모차르트(1756~1791)는 3살 때 클라

비어를 배우고, 5살 때 하프시코드와 바이올린을 프로급으로 연주했다. 그리고 Wolfie란 별명으로 불과 여섯 살의 나이에 국왕 앞에서 연주하면서 8세 때부터 교향곡을 작곡하기 시작해 40개가 넘는 그의 교향곡 절반을 19세 이전에 썼던 절대적인 천재였다.

□ 1984년 영화 아마데우스의 사운드트랙은 빌보드 차트에 56번 올라 지금까지 클래식 음악으로선 가장 성공한 케이스다. 1991년엔 필립스에서 모차르트의 CD 180장을 만들었는데, 한 작곡가의 곡을 녹음한 지금까지의 작업 중 가장 방대한 것으로 공식 확인되었다. 이 씨디에는 200시간 이상의 음악이 들어있고 케이스에 넣어 쌓아둔 높이만도 6.5피트가 넘는다.

□ 모차르트는 여러 애완동물을 좋아했는데, 개와, 찌르레기, 카나리아 같은 새와 말을 좋아하면서 연주 여행 차 멀리 나와 있을 때도 누나에게 개의 안부를 묻는 편지를 자주 보냈다. 그의 여행 기간은 생애 36년 중 14년이나 되고, 여러 지방을 돌아다닌 만큼 작곡한 음악 장르도 다양해서 피아니스트로서의 뛰어난 연주 실력과 함께 20세 이전에 이미 최고의 스타로 인정받았지만 불행하게도 그는 인생의 대부분을 직업을 구하는 데 소비하고, 아무런 재산도 남기지 못한 채 음악적 능력이 절정기에 오른 36세로 사망했다.

□ 짧은 생애 동안에 많은 곡들을 남긴 모차르트는 글자보다 음표를 쓰는 것을 더 먼저 배웠다. 음악은 음표가 아닌 음표 사이의 침묵이란 명언을 남기기도 한 모차르트는 아버지, 누나와 함께 전 유럽의 궁정이나 귀족들을 찾아다니며 연주 활동을 했다. 당시엔 여행하며 사는 일은 무척 힘든 것이어서 그들은 길 위에서 심한 병치레를 해야만 했는데, 모차르트가 건강하게 자랄 수가 없었던 이유기도 하다. 연구가들은 모차르트의 창백하고 왜소하며 예민한 성격이 그의 어린 시절과 무관하지 않다고 보고 있다.

□ 음악을 한 번 들으면 그대로 악보에 옮겨 썼던 모차르트는 불과 14살에 오페라 〈포토의 왕 미트리다테〉를 쓰고 1770년 12월 밀라노에서 초연을 갖는 기염을 토한다. 모차르트가 어린아이로서 연주했던 곡은 갤런트 스타일이라고 하는 로코코식 예술 사조의 한 부분이었다. 그것의 특징은 보다 유머스럽고 활발하며 장난기 있는 스타일로 알려져 있다. 모차르트는 후에 갤런트 스타일에서 고전 스타일의 전형으로 옮겨간다.

□ '모차르트의 귀'란 말이 있듯 기형적인 귀를 가지고 태어난 모차르트는 하는 행동도 보통 사람들과는 달라 사촌 누나를 포함해 누나들과 이야기할 때는 그들만의 비밀 언어를 만들어 사용했다고 한다. 누이 마리아 안나는 재능 있는 피아니스트였지만 그녀가

결혼할 나이에 이르자 부친은 대중 공연을 못 하게 한다. 모차르트가 자신의 활동과 결혼에 있어 아버지의 뜻을 잘 따르지 않았던 것에 반해 누이 안나는 아버지의 말을 잘 받아들였다.

☐ 1791년 35세로 오스트리아 비인에서 세상을 떠난 모차르트는 어렸을 때 완벽한 푸가와 오페라를 작곡한 것 외에도 유머 감각이 뛰어나서 종종 외설적인 이야기도 했다. 모차르트가 21살 때 19살인 그의 사촌 누이 마리안느에게 보낸 편지에서 이렇게 썼다. "좋은 밤 보내, 침대에 똥도 한 바가지 싸고." 어쩌면 이건 모차르트가(家) 사람들이 평소 모두 서로에게 이상한 말들을 썼던 것을 의미하는지도 모른다.

☐ 1993년 처음 모차르트 효과라는 말이 등장했는데 이는 모차르트 음악을 들으면 머리가 좋아진다는 믿음이다. 모차르트 음악은 간질병을 가진 사람들에게 도움을 주고, 젖소의 젖을 많이 나오게 한다고 한다. 최근 스위스의 하수 처리 센터에선 모차르트 음악이 미생물이 하수를 정화시키는 것을 촉진시킨다고 주장한다. 이 센터에서 사용하는 음악은 모차르트의 마술피리다.

☐ 모차르트의 시신이 어디에 있는지 아는 사람은 없다. 모차르트의 시신은 당시의 풍습대로 평장을 했는데, 장례식도 없었고 묘지

□ 표지석조차 남기지 않은 기이한 그의 죽음처럼 그의 탄생 또한 별다르다. 모차르트의 아버지 레오폴드는 모차르트의 탄생에 대하여 신의 기적이라 쓰고 있다. 위로 다섯 아이가 유아기 때 사망한 모차르트는 태어날 때 너무나 작고 약해 살 수 없을 것이라 보였던 것이다.

□ 모차르트는 우리가 알고 있듯 음악사에서 독주 피아노와 오케스트라 간의 활기찬 대화 같은 피아노협주곡을 처음으로 쓴 작곡가다. 그리고 오페라를 써서 많은 돈을 벌었지만 낭비벽이 심해 재정적인 파탄에 내몰리기도 했다. 프란츠 폰 발자크 백작이 모차르트에게 그 유명한 레퀴엠을 작곡해달라고 의뢰를 할 때도 그는 경제적으로 매우 궁핍할 때여서 레퀴엠 악보에 모차르트의 이름을 쓰지 말 것을 요구한 그의 요구를 받아들일 수밖에 없었다. 백작 자신이 쓴 것처럼 보이기 위한 것이었다.

□ 모차르트가 쓴 곡들은 600곡이 넘는데 대부분은 교향곡류, 협주곡, 실내음악 그리고 오페라와 합창 음악들이다. 이 중 알려진 것들은 41개의 교향곡, 27개의 피아노 협주곡, 5개의 바이올린 협주곡, 27개의 콘서트 아리아, 23개의 현악 4중주, 18개의 미사곡, 그리고 22개의 오페라 들이다. 이런 모차르트가 황금 기사복

을 입고 있는 초상화가 있다. 어린 시절 모차르트가 로마에 머물고 있을 때 교황이 그에게 영예로운 황금기사 자격을 수여한 것이다.

□ 모차르트가 서양 음악에 끼친 영향은 대단한 것이다. 요셉 하이든이 말하길 앞으로 100년은 모차르트 같은 천재는 다시 나오지 않을 것이라고 했다. 7남매 중 막내로 태어난 모차르트가 어린 시절 시스틴 성당을 방문했을 때 알레그리의 미제레레 악보를 암기해서 그대로 악보에 옮겨 써서 사람들을 깜짝 놀라게 한 일이 있다. 악보는 그동안 아무에게도 보여주지 않았던 것인데 한 번 읽고 암보해서 그대로 악보에 옮겨 쓴 일화는 그의 천재성을 뒷받침하는 유명한 일화다.

□ 모차르트가 어렸을 때 유일한 스승은 그의 아버지였다. 아버지는 음악은 물론 다른 것들도 교육시켰다. 그러나 콘스탄체를 변덕이 심한 여자로 보는 아버지의 반대에도 불구하고 모차르트는 19세의 콘스탄체와 1782년 8월 4일 결혼을 했다. 모차르트의 미사 C단조는 아버지와 누나가 자신의 아내 콘스탄체를 냉담하게 대하는 것에 자극을 받아 쓴 것이다. 모차르트가 죽은 지 18년 후 콘스탄체는 다시 결혼을 했는데 새 남편이 모차르트에 대한 책을 쓰는 것을 도왔다.

☐ 모차르트의 최대 라이벌은 베토벤의 스승이기도 했던 이탈리아 출신의 작곡가 안토니오 살리에르였다. 모차르트보다 40년을 더 살면서 곡을 쓴 살리에르는 말년에 자신이 모차르트를 독살했다고 주장했지만 사람들은 늙은 노인의 횡설수설이라 생각했다. 모차르트가 죽었을 때 그의 아내 콘스탄체는 어쩔 줄 몰라 하며 시신이 누워있는 침대로 올라가 그를 껴안았다. 남편의 병이 자신에게 옮겨져 함께 죽고자 했던 것이다.

☐ 모차르트가 어렸을 때 모차르트는 마리 앙투아네트에게 자신과 결혼해주길 청했다. 모차르트는 비인에 머물면서 황후 마리아 테레사를 위해 연주를 하고 있을 때였다. 황후는 자신의 어린 딸에게 청혼한 어린 모차르트가 우습고 귀여웠다. 그 딸이 나중에 프랑스 루이 16세의 황비가 된 바로 그 마리 앙투아네트다.

☐ 모차르트는 요한 세바스찬 바흐와 게오르그 프리데릭 핸델을 공부하였는데, 두 사람 모두 모차르트의 음악에 영향을 주었다. 특히 마술피리의 푸가 페시지 부분과 교향곡 41번의 피날레 부분이 그렇다. 1784년 비인에서 만난 하이든과도 친구가 되었다. 두 음악가는 때로는 함께 즉흥적으로 현악 4중주를 연주하기도 했다. 모차르트는 자신의 6개의 현악 4중주를 하이든에게 헌정했다.

□ 1786년에 작곡한 피가로의 결혼과 1787년에 쓴 돈 죠반니가 대성공을 거두고, 그 작품들의 비범함으로 인해 최고의 절정기를 보내던 모차르트가 1787년 조세프 2세 황제 밑에서 일하고 있을 때 젊은 베토벤이 몇 주 동안 비인에 머물고 있었다. 그때 그는 모차르트에게 공부하고 싶어 했으나 음악사상 가장 뛰어난 이 두 사람이 정말 만났는지 아닌지는 확실하게 아는 사람은 없다.

□ 모차르트는 1791년 9월 6일 자신의 오페라 〈티토 황제의 자비〉가 초연되고 있을 때 병석에 누웠다. 그리고 같은 해 12월 5일 집에서 숨을 거둔다. 그는 병석에서조차도 그의 레퀴엠을 마무리하는 작업을 계속하고 있었다. 모차르트를 연구하는 사람들은 모차르트의 사망 원인이 적어도 118개나 된다는 가설을 세우고 있다. 류마치스 열병과, 인풀렌자, 선모충감염, 수은중독, 신장질환 그리고 연쇄구균감염 등이 원인으로 주장된다.

□ 모차르트는 성 마르크스 묘지의 일반인들 무덤에 묻혔다. 일반무덤은 귀족들의 무덤과는 달리 매장 10년 후에 발굴하게 되어 있었는데, 모차르트의 유골 발견되었다는 이야기가 있었다. 1801년 요셉 로드메이어라는 사람이 비인의 한 공동묘지에서 모차르트의 것으로 추정되는 유골을 파냈다. 하지만 여러 검증을 통해서도 그것이 정말 모차르트의 것인지 확인할 수 없었다. 현재 그 유

골은 잘츠부르크 모차르테움 재단에 보관되어 있다.

□ 사람들이 자신에 대하여 뭐라고 하든 신경 쓰지 않고 자신의 방식대로 살았던 모차르트는 여러 전기학자들에 따르면 왜소한 체구에 강렬한 눈빛을 지녔다고 한다. 어릴 때 천연두를 앓아 얼굴에 곰보 자국이 있고, 마르고 창백한 피부에 머릿결은 고왔으며 옷을 잘 입는 멋쟁이이었다고 한다. 모차르트의 목소리는 테너였으며 왼손잡이로 평생 카톨릭 신자로 살면서 종교적인 위대한 작품들을 남겼다.

□ 모차르트가 죽은 뒤 그의 아내 콘스탄체는 황제에게 탄원하여 자신과 두 아이들을 위한 연금을 지급받는다. 그리고 모차르트 음악 연주회를 정기적으로 열고 남편의 작품들을 출판하기도 했으나 모차르트의 스케치와 초고들을 상당 부분 훼손하거나 없애버렸다. 두 사람 사이에는 여섯 아이를 두었으나 넷은 유아기 때 죽고 두 아들만 살아남았다. 칼과 프란츠 두 아들은 결혼도 하지 않고 자식도 남기지 않았다.

□ 모차르트의 아내 콘스탄체에 따르면 그는 말년에 자신이 살리에르를 만나 식사를 하고 온 후 독약에 오염되었으며 자신을 위한 레퀴엠을 쓰고 있다고 말했다고 한다. 모차르트는 레퀴엠을 완성

하지 못하고 세상을 떠나고, 그의 제자 쥐스마이어가 완성했는데 오늘날 연주되는 것이 쥐스마이어 버전이다. 아직까지도 모차르트가 레퀴엠의 어디까지를 썼느냐가 논쟁거리로 남아있다.

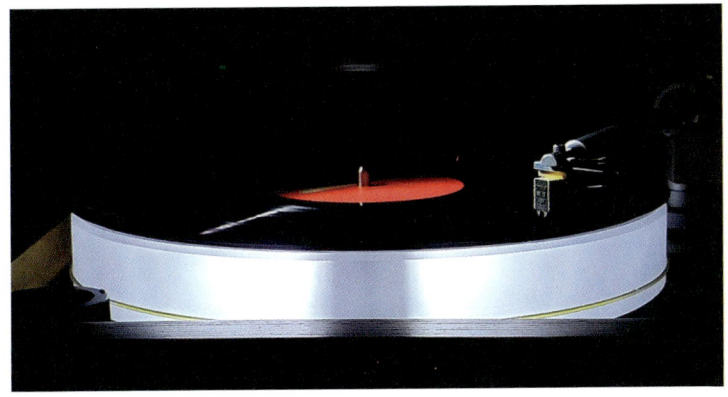

아버지의 눈물 장미꽃
-모리스 라벨: 왼손을 위한 피아노협주곡 D장조

붉은빛이 담장을 슬금슬금

넘어옵니다

아버지가 장미꽃을 바라볼 때

아버지의 눈가에서 그윽하게 일던

잔바람은 지금 어디서 무얼 하는지

햇볕 따뜻한 날 아버지 잠든

무덤 위 파란 풀들을

흔들고 있는 것은 아닐까

그 풀잎들 지금

아버지의 하얀 뼛속에도

장미꽃이 피었다고

붉은 울음을 터트리는 것은 아닐까

그 울음 망설이며 뒷걸음질해와

내 얇은 등을 적시고 있는 것은 아닐까

-시 『아버지를 생각함』 부분

아버지가 떠나시는지 3년이 흘러갔다. 아버지가 심은 울타리 아래 넝쿨장미가 자라 울타리를 온통 붉은색으로 덮고 골목까지 가지를 벋었다. 오늘은 그 가지들을 벤다. 이웃에 사는 사람들이 지나가다 장미 가시에 얼굴을 다친다고 한다. 전정가위로 새로 자란, 아버지의 손 같은 장미 가지들을 자른다. 잘린 가지에서 사람의 눈물 냄새가 난다. 아버지는 정미소 일을 하다 손가락을 잃었다. 아버지의 남은 손가락을 모두 베고 있다. 가지가 잘려 뭉툭해진 꽃나무를 바라보니 음악 하나가 떠오른다.

모리스 라벨의 왼손을 위한 피아노협주곡, 서양에선 유명하지만 우리나라에선 잘 연주되지 않는다. 단악장으로 이루어진 이 곡은 라벨이 친구 비트겐슈타인을 위해 쓴 작품이다. 당시 장래가 촉망되는 뛰어난 젊은 피아니스트 비트겐슈타인은 제1차 세계 대전에 참전하여 오른팔을 잃는다. 친구의 재능이 너무나 안타까운 라벨은 왼손으로만 연주하는 곡을 쓰지만 절망감에 사로잡힌 친구는 이 곡을 외면했다. 그러다 차츰 사람들의 관심을 끌게 되고 그는 즐겨 이 곡을 연주했다.
곡의 중간 부분 Allegro - Piu vivo ed accel 쾌활하고 힘차게 연주하는 알레그로는 재즈풍으로 볼레로를 연상시킨다. 이 곡은 1948년 프랑스에서 태어난 앤 퀘플랙의 연주가 좋다. 사티, 라벨 등 프랑스 작품들의 전문피아니스트인 그녀의 감각의 선율 위에 춤을 추는 것 같은 영민함이 느껴지는 명연주다.

소치는 아이
-Beethoven: The Return to Ulster

초등학교 시절 여름 방학이면 시냇가 안쪽 들판에 소를 풀어놓고 건너 냇둑을 바라보며 한 여자아이가 지나갈 때까지 하모니카를 부는 나는 소 치는 아이였다. 아이는 나타나지 않고 우리 집 순한 소는 하모니카 소리 근처에서 맴돌고, 나는 소의 커다란 맑은 눈망울의 호수에 풍덩 빠져 뜨거운 햇볕 속에서도 으스스 몸을 떨며 돌아가곤 했다.

중학생이 되어선 냇가에 앉아 밤하늘의 별을 바라보며 나의 별이 뜰 때까지 기타를 뜯었다. 앞산 등성이 위로 떠오르는 별들과 내 어깨를 딛고 뜨는 별은 있었어도 나의 별은 단단한 땅속에서만 떠올랐다. 아픈 손가락이 뜯는 몇 줄의 시간 속에서 그때 그 아이에게로 흐르는 수십 개의 낮과 밤은 나는 여전히 소 치는 아이였다. 미군 부대 카츄사로 복무하던 아버지가 가끔 가져오던 LP 판들 중 빨간딱지가 붙은 하나를 할아버지의 전축에 올리고 노래의 의미도 모르는 채 눈물을 글썽였다. 아버지로부터 카우보이 노래란 말만 듣고 소치는 아이인 나는 듣고 또 들었다. 이제 다시 그 노래를 들으며 내 고향 그리운 시냇가로 돌아간다.

1815년 베토벤 말년의 친구였던 안톤 펠릭스 쉰들러는 그의 자서전에 베토벤이 오랫동안 구상해온 스코틀랜드 민요들의 채보에 관한 내용을 밝혔다.

당시 베토벤이 모았던 것들과 민요 수집가 에딘버러의 조지 톰슨이 수집했던 것들을 비교해 보면 베토벤이 백곡이 넘는 민요들을 잘 정리해놓은 것을 알 수 있다.

그 중 25개의 민요를 피아노와 바이올린 그리고 첼로의 반주로 자신의 작품 번호를 붙여 출판했다.

베를린 사람 슐레징거가 스코틀랜드 민요 108곡을 소개하기도 했지만 그것은 영국에서 이미 출판된 것들에서 발췌한 것들이다.

베토벤 하면 완벽한 음악적 구성의 교향곡과 관현악곡들, 협주곡들, 실내악곡들이 떠오른다.

이처럼 무거운 곡들을 남긴 베토벤이 가볍고 편안한 스코틀랜드의 민요를 발굴하고 채보한 것은 그의 진중하고 엄격한 작곡 스타일에서 오는 스트레스로부터 잠시나마 벗어나고 싶어서였을 것이다.

스코틀랜드 민요는 황량한 자연환경과 영국의 지배에서 오는 민족적 설움이 맑게 녹아있어 우리의 정서와도 잘 맞는 아름답고 슬픈 노래들이다.

이 멜로디는 본래 아일랜드의 맹인 하프 연주가 털로우 오카롤란의 작품집에 들어있었다.

오카롤란은 유명한 변호사이자 군인이며 문학가였던 한 아일랜드인의 갑작스런 죽음을 슬퍼하며 이 멜로디를 만들었고, 1811년 민요 수집가 톰슨이 시인 월터 스코트에게 가사를 써 줄 것을 부탁하자 스코트 경이 그의 죽음을 슬퍼하는 시를 써 보내왔다.

후에 베토벤이 오카롤란의 애조 띤 멜로디와 스코트의 슬픈 내용의 가사에 보다 장엄하고 세련된 편곡을 해서 새로운 명곡으로 재탄생하게 된 것이다.

사진 - 배흥배

나 홀로 길을 가네
-안나 게르만: 러시아 민요

돌이 많은 길은 안개 속에서 반짝인다.

밤은 고요하고 황야는 신의 음성에 귀 기울인다.

별은 다른 별에게 소곤거린다.

하늘에서는 모든 것이 장엄하고 놀랍다!

대지는 맑고 푸른 빛 안에 잠들어 있다.

나를 힘들게 하고 고통스럽게 하는 것은 무엇인가?

나는 어떤 것을 기다리고 있는가?

후회할 만한 일이 있던가?

나는 이미 삶에서 어떤 기대도 하지 않게 되었다.

그리고 과거의 일에서 어떤 후회도 없다.

나는 자유와 평화를 갈구하고 있다.

모든 것 잊고 잠들고 싶다.

경차를 몰아 시속 130km로 인생길을 달려왔다. 고속으로 달리는 자동차는 속도가 전부였다. 핸들을 움켜쥐고 부릅뜬 두 눈과 거친 호흡 사이에 위태롭게 매달린 사람의 운명을 터질 것 같은 작은 엔진의 뜨거운 야망은 쉴 새 없이 두드렸다.

퇴직한 후론 나의 자동차는 느긋하게 달린다. 액셀러레이터를 밟는 발끝으로부터 묵직하고 안정되게 전해오는 기계음이 기분 좋은 속도 안으로 모든 것을 끌어들여 속도 안에서 바라보는 세상은, 야망과 운명이 견고한 질서로 결합된 사람의 풍경이다. 이젠 속도의 가벼움이 아닌 정지된 풍경의 무거운 힘으로 남은 길을 천천히, 그리고 묵묵히 갈 뿐이다.

안나 게르만(Anna German, 1936~82)은 우크라이나에서 태어나 46세에 폴란드에서 생을 마감한 러시아의 세계적인 민요 가수로 우수 어린 음색과 창법이 특징이다. 그녀가 부른 여러 노래 중 『나 홀로 길을 가네』는 러시아의 요절한 시인 레르몬토프(1814~41)의 시에 가락을 붙인 것이다. 타락한 세상을 벗어나 자신의 이상과 꿈을 실현할 수 있는 혼자만의 생활을 그리워하는 내용이다.
시인 레르몬토프는 결투로 사망한 러시아의 대시인 푸시킨을 기리는 『시인의 죽음』을 썼다가 정부를 비판하는 내용이라 하여 유배를 간다. 그 후 불의를 참지 못해 신청한 결투에서 30세에 요절한다. 노래를 부른 안나 게르만 역시 교통사고 후유증으로 46세를 일기로 세상을 뜬다. 요절한 예술가들을 살펴보면 대부분 그 작품들이 슬프거나 어둡다. 평소의 생각이나 말을 사람의 운명이 따라간다는 말이 맞는가 보다.

오래된 음악으로 퇴보하는 사랑
-글라주노프: 트루바두르 세레나데

내리는 빗소리는 흘러간 날들이
오늘에게 부르는 세레나데,
빗속에 버려진 차 안에 앉아 있으면
떨어지는 빗방울의 눈물을
바람이 닦아주는 소리가 들린다.

와이퍼가 지나간 자리 자리마다
끼리끼리 엉키고 뒹구는
옛날의 빗물 자국들에서
눈물로 진화하는 것은 무엇?
눈 감으니 보인다.

오래된 음악으로 퇴보하는 사랑에서
다시 두려움으로
웅성거리는 빗방울 떨어지는 소리,
떨어지는 소리만큼만
아픔으로 되돌려지는 빗방울들 보인다.

글라주노프의 중세 모음곡은 옛날 중세 시대로 돌아가 1902년 쓴 곡이다. 도입부의 프렐류드 첫 번째 마디부터 음울한 기운 속에 뭔가 서정적이고 로맨틱한 분위기가 감돈다. 바닷가 성 밖의 모래사장에 한 쌍의 젊은 연인이 불어오는 폭풍도 잊은 채 행복하게 누워있다. 제2악장의 스케르초가 맹렬하고 힘 있게 튀어나오고 거리의 어느 배우가 추는 죽음의 춤은 글라주노프의 천재적인 악기 색채의 조합법을 다시 한번 확인시켜준다. 악장은 언제 끝나는지도 모르게 다음 3악장 음유 시인의 세레나데로 넘어가 하프의 부드러운 반주와 함께 이어가다가 멜로디가 점점 허무하게 사라진다.

천 번을 맹세한 사랑
-브람스: 가곡 아그네스

향기로운 시간이여
빠르게도 가는구나
당신은 떠나가고
내 달콤한 추억만 남았네
추억이 남았으니
난 아무것도 두렵지 않을 거야
추수철이 오면 즐겁게
즐겁게
밀 베는 여인들은 노래하네
하지만 아! 가엾은 나는
가엾은 나는
나는 아무것도 할 수가 없네
가엾은 나는,
가엾은 나는
나는 아무것도 할 수가 없네

나는 목장 계곡 여기저기를 찾아 헤매네
목장 여기저기를,

꿈속에서 길을 잃은 것처럼
저 산에 천 번은 맹세를 했었네
천 번은
그는 맹세했었네 변하지 않겠다고
저 산에 천 번은
천 번은
그는 맹세했었네 변하지 않겠다고

언덕의 마루 위를 넘고
다시 돌아서
나는 보리수나무 곁에서 우네
내 모자 위의 장미 화환이
그가 만들어 준 화환이
바람에 날아가네
내 장미 화환이
그가 만들어 준 화환이
바람에 날아가네

-에두아르트 프리드리히 뫼리케 시 『아그네스』

브람스를 떠올리면 어려운 음악을 쓴 작곡가라고 생각하는 사람들이 많다. 그는 평생 철저하게 자신을 스스로 검증했고 학대라 할 만큼 자신의 작품에 엄격했다. 그러므로 모차르트나 베토벤의 음악에 익숙한 사람들은 그의 음악을 들으면 답답함을 느낀다. 바그너는 브람스의 음악을 남자다운 곳이 하나도 없고, 음악답게 소리를 내는 곳이 없다고 비판했다.

그러나 그의 실내악들은 음악을 잘 모르는 사람들에게도 직접 다가온다. 그것은 음악의 형식을 떠나 직접 인간의 목소리로, 흐느낌으로 들리기 때문이다. 음악 외적인 것이 개입되는 교향시나 오페라를 쓰지 않았던 절대음악의 신봉자 브람스였지만 스승의 미망인 클라라 슈만을 사랑하며 이룰 수 없는 사랑에 괴로워하는 애잔한 사랑의 곡을 남겼다. 에두아르트 프리드리히 뫼리케의 시에 곡을 붙인 아그네스란 가곡이다.

죽은 남편을 그리는 아내의 노래
-스코틀랜드 민요: Ailein Duinn

나는 슬픔에 빠졌어요
잠에서 깨어난 아침 일찍부터
오, 당신과 함께 갈 수만 있다면

히리 보호 호 루 비히
히리 보호 호 린 오호
갈색 머리 알란, 오 당신과 함께 가고 싶어

모래 언덕이 당신의 베개라면
바다풀이 당신의 침대라면
오, 당신과 함께 갈 수 있다면

히리 보호 호 루 비히
히리 보호 호 린 오호
갈색 머리 알란, 오 당신과 함께 가고 싶어

물고기들이 당신의 하얀 촛대라면
물개들이 당신의 경호원이라면

오 당신과 함께 갈 수 있다면
히리 보호 호 루 비히
히리 보호 호 린 오호
갈색 머리 알란, 오 당신과 함께 가고 싶어

나는 마시고 싶어요, 누가 뭐라 하더라도
바다에 빠진 당신 심장의 피라 해도 마시고 싶어요
오 당신과 함께 갈 수만 있다면
히리 보호 호 루 비히
히리 보호 호 린 오호
갈색 머리 알란, 오 당신과 함께 가고 싶어

잉글랜드에 살던 원주민 켈트족은 유럽에서 후에 이주한 앵글로 색슨족에 의해 아일랜드, 스코틀랜드 지역으로 밀려났다.
스코틀랜드의 황량한 서북부 지역 헤브리데스 군도에 사는 켈트족들의 노래는 우리 민족의 정서와 닮아 익숙하게 다가온다.
바다에 빠져 죽은 남편을 그리는 아내의 노래로 가사를 번역하면서 눈물이 난 노래다.

Ailein duinn은 스코틀랜드의 게일어 노래로, 바다 풍랑으로 죽은 약혼자 갈색 머리 알란 모리스에게 부치는 약혼녀 앤니 켐벨의 애도사다.

루이스섬 출신의 알란 모리스는 선장으로 1788년 봄 앤니 켐벨과 약혼식을 하기 위해 스토노웨이를 떠나 스칼페이로 가던 중 심한 풍랑을 만나 배가 침몰하고 선원들과 함께 익사한다.

슬픔에 휩싸인 약혼녀 앤니는 잃어버린 사랑을 위해 애도사를 쓰고 실의에 빠져 몇 년 후 약혼자 알란을 뒤따라간다. 앤니의 고향 스칼페이 섬은 암석투성이의 섬으로 무덤을 만들 흙이 부족했기 때문에 아버지가 딸의 관을 배에 싣고 본섬 해리스에 있는 묘지로 데려가던 길에 심한 바람이 불어 그녀의 관이 배에서 날아간다. 그리고 그녀의 시신은 약혼자 알란의 시신이 발견된 그 섬으로 떠내려갔다.

늙은이의 노래
-러시아 민요: Evening Bells (저녁 종)

교회의 종소리가 들려오는 저녁 그는 노을 진 하늘을 바라보며 생각에 잠긴다. 고향을 떠나올 때 몇 살이었는지도 기억이 나지 않는다. 아버지는 전장에 나가 다시 돌아오지 못했고, 어머니는 슬픔에 젖어 있었을 뿐 어린 아들에겐 관심이 없었다. 그녀는 자신의 눈물 자국을 지우는 듯 집안 여기저기를 온종일 닦기만 했다.

그는 초등학교를 중퇴하고 도시로 떠났다. 돈이 생기는 것은 무슨 일이든 해야 했다. 눈물과 흙과 피가 범벅된 옷을 입고 몇 년을 지냈다. 그러다가 몸이 아프면 일터에서 쫓겨나기도 했다. 그의 아버지가 싸웠던 전쟁은 끝나고 사람들은 평화를 찾았으나 그에겐 그런 평화가 주어지지 않았다. 다시 아내와 자식들을 먹여 살리기 위해 일해야 했지만 하고 싶은 일을 찾아 싸워야만 하는 시대가 온 것이었다.

또다시 서부로부터 전쟁의 먹구름은 밀려오고, 전장으로 나가는 아들과 딸에게 아무런 말을 해줄 수 없는 것이 그에겐 가장 슬펐다, 이제까지 먹고 사는 것 외엔 미래에 대한 어떤 생각도 머릿속에 없었던 것이다. 전쟁은 끝났으나 그는 패배했다. 아들과 딸은 돌아오지 않고 그 자신도 불구의 몸이 되어 쇠약해진 몸뚱이를 찬 바람이 깎고 할퀴어 온몸이 풍화되고 정신마저 흘러내렸다. 이제 눈을 감을 시간, 안개처럼 희미해진 기억 속에 떠나온 고향의 산야가 파노라마처럼 지나가고 옛집에서 듣던 교회의 종소리가 그를 영원의 안식처로 안내한다.

Vetchernij zvon, vetchernij zvon,
저녁 종소리, 오 저녁 종소리가

Kak mnogo dum navodit on
수많은 기억들을 불러 오네

O junyh dnah v kraju rodnom,
내 고향 어린 시절이 떠오르네

Gde ja ljubil, gde otchij dom,
그리운 그곳엔 아버지의 집이 있었지,

I kak ja, s nim na vek prostjasr,
어떻게 나는, 오랫동안 고향을 떠나

Tam slyshal zvon v poslednij raz.
고향에서 마지막 듣던 그 종소리를 듣네

Vetchernij zvon, vetchernij zvon,
저녁 종소리, 오 저녁 종소리가

Kak mnogo dum navodit on
수많은 기억들을 불러 오네

1828년 이반 코즐로프의 시에서 토마스 무어가 러시아의 주제를 발췌, 오페라 작곡가 알렉산드로 알리야비예프의 곡에 가사를 붙여 만든 곡으로 인생 황혼의 쓸쓸함을 노래한 곡이다.

우울한 시간
-Rachmaninoff: Prelude op. 23 No 5 Prokofiev plays

빈집의 벽에 검은 시계가 걸려있다.
분침도 없이,
커다란 추만 왔다 갔다 하는 시계
하나 남은 바늘이
가리키는 곳으로 그의 우울한 시간은 빠져나간다.

라흐마니노프의 프렐류드 D단조, 템포는 경쾌하지만 우울한 곡이다. 극심한 노이로제를 앓았던 라흐마니노프는 우리나라 사람들에게 드보르자크와 더불어 예전부터 가장 인기 있는 클래식 음악 작곡가다. 그들의 음악은 우리의 정서와 관련된 서늘한 우울을 간직하고 있기 때문이다.
특히 요즘엔 라흐마니노프가 방송에서 자주 소개되고 실제 연주되기도 하는데 임윤찬이 반 클라이번 콩쿠르 결승에서 라흐마니노프 피아노협주곡을 연주했기 때문이기도 하다.

세르게이 프로코피에프가 연주한 라흐마니노프의 피아노곡이다. 프로코피에프는 광범위한 음조의 업적으로 음악학자들이나 비평가들로부터 20세기의 베토벤이란 불린다. 피아노 연주가이기도 한 프로코피에프는 자신의 곡만을 연주하지 않았다.
그는 가끔 연주곡 목록에 자신의 곡과 함께 다른 러시아 작곡가들의 곡들을 끼워 넣었는데, 친구들의 작품이나 함께 공부했던 동료들의 곡들을 청중들에게 널리 알렸던 것이다.

프로코피에프보다 나이가 훨씬 많은 라흐마니노프는 프로코피에프를 뜬금없이 나타나 갑자기 인기를 얻은 신인쯤으로 여겼다. 반면 프로코피에프는 라흐마니노프 작품들을 지루할 정도의 보수적인 것들로 생각했다.
실제로 라흐마니노프는 20세기를 산 마지막 낭만주의 음악가였다.
따라서 두 사람이 서로에게 냉담했던 것은 분명하다. 하지만 프로코피에프가 정열적으로 연주하는 라흐마니노프의 프렐류드는 그만의 뛰어난 개인적 해석을 읽을 수 있다.
경쾌한 템포로 시작하는 메인 주제는 곡의 중간 부분까지 계속 드러나면서 이전엔 잘 들을 수 없었던, 심지어 작곡자 라흐마니노프 자신이 녹음한 연주에서도 들을 수 없는 새로운 반 멜로디적 해석을 보인다.

환상의 태양
-슈베르트: Die Nebensonnen

하늘에 세 개의 태양이 떠 있네
오래도록 가만히 바라보았네
저 태양들도 떠날 곳도 가는 곳도
없는지 그 자리에 멈춰 있네

아니야 저들은 나의 태양이 아니야
다른 사람의 얼굴을 비추고 있는 거야
본래 세 개의 태양이 있었지만
두 태양은 이미 지고 말았네

남은 마지막 태양도 진다면
차라리 그러면 더 좋겠지

슬픈 이야기를 아름다운 언어로 표현하는 기구한 운명의 시인, 그 시인의 슬픈 이야기를 세상에서 가장 아름답게 노래한 슈베르트는 사랑에 대하여 노래하고 싶었을 땐 노래는 슬픔이 되고, 슬픔에 대하여 노래하고 싶었을 땐 노래는 사랑이 되어 그에게 왔다고 말했다. 그는 성인이 되어서도 뚜렷한 직업 없이 늘 배가 고팠다. 키 158cm에 뚱뚱하고 잘 생기지 못해 사랑으로부터도 외면당한 그가 남긴 연가곡 겨울 나그네, 그중 1번의 안녕, 5번 보리수, 6번 넘쳐흐르는 눈물, 24번 길가의 노 악사 등이 널리 알려졌지만 그의 절망을 가장 절절하게 노래한 것은 23번 환상의 태양이다.

10대 시절부터 그의 표정은 우수에 차 있다.

처연하고 아름다운 선율
-볼프 페라리: 성모의 보석

마리안노 볼프 페라리(1876-1948 이태리)는 비가극 성모의 보석을 1911년 베를린에서 초연을 해서 호평을 받았으나 로마 카톨릭 교회로부터 1953년까지 42년간 공연 금지를 당했다.

주인공 마리엘라는 고아로 카르멜라에게 입양되어 자랐다. 카르멜라의 아들 제날도는 마리엘라를 사랑했으나 마리엘라는 키워준 어머니의 학대를 못 이겨 가출을 하고, 거리의 결사단에 들어가 두목 라파엘로의 환심을 산다.

라파엘로는 마리엘라의 사랑을 얻기 위해 성모 마리아상에 박힌 보석을 훔치려 한다. 이를 알게 된 제날도는 보석을 먼저 훔쳐 그녀에게 주고 그녀를 품는다. 마리엘라는 보석에 대하여 알게 되고 죄책감과 제날도에게 몸을 허락한 수치심에 자결을 한다. 그리고 제날도 역시 죄책감에 그녀를 따른다.

페라리는 이 가극에서 로마 카톨릭교회가 신자들로부터 갈취한 재산과 성모의 보석을 훔친 행위를 같은 것으로 보고 카톨릭교회의 위선을 고발한다.

전체 3막 중 제1막의 간주곡인 이 곡은 그 처연한 아름다운 선율로 페라리를 유명하게 했다.

누가 연인이 생겼나
-Mozart: Wer ein Liebchen hat gefunden

Ein Liebchen hat gefunden,

Die es treu und redlich meint.

Lohn' es ihr durch tausend Küsse,,

Mach ihr all das Leben süsse,

Sei ihr Tröster, sei ihr Freund.

Tralallera, tralallera!

연인이 생기면 누구나

연인에게 충실하고 상냥하지.

그녀에게 천 번의 키스를 하리

평생 그녀를 행복하게 하리

그녀에게 위로가 되고, 친구가 되리.

트랄랄레라 트랄랄레라!

Doch sie treu sich zu erhalten,

Schliess er Liebchen sorglich ein;

Denn die losen Dinger haschen

Jeden Schmetterling, und naschen

Gar zu gern vom fremden Wein.

Tralallera, tralallera!

그녀의 사랑을 얻으려면

지금 당장 사랑을 쟁취하라.

조금 마음이 느슨해지면 온갖

나방 잡것들이 날아든다.

나는 포도주나 마시련다.

트랄랄레라 트랄랄레라!

Sonderlich beim Mondenscheine,

Freunde, nehmt sie wohl in Acht!

Oft lauscht da ein junges Herrchen,

Kirrt und lockt das kleine Närrchen,

Und dann, Treue, gute Nacht!

Tralallera, tralallera!

특히 달빛 아래선

친구여 그녀를 잘 감시해라!

때로는 젊은 주인이 노리고 있다,

몸을 구부려 어릿광대로 분장하고.

그러니 그녀에게 충실해라, 안녕!

트랄랄레라 트랄랄레라!

이 노래는 모차르트가 비인에 온 후 황제의 의뢰를 받아 최초로 완성한 독일풍의 징슈필 『후궁으로부터의 도망』의 제1막 2장에 나오는 페르시아 지방 성주 젤림의 궁전 경비원 오스민이 부른 아리아다. 노랫말의 내용과는 전혀 다른 분위기의 아리아가 독특하다. 마치 낮게 탄식하는 듯한 남자의 소리, 오스민의 아리아는 매우 우울하고 비극적이다. 지금까지 모차르트의 음악에선 잘 들어보지 못한 음울하고 슬픈 멜로디를 처음 듣는 사람들은 다른 작곡가의 노래가 아닌가 생각하기도 한다.

주인공 델몬테는 해적에게 납치된 애인 콘스탄체가 페르시아의 어느 성에 있다는 소문을 듣고 단신 잠입하여 여러 우여곡절 끝에 애인 콘스탄체와 함께 탈출하다 붙잡힌다. 그러나 성주는 그들의 사랑에 감복하여 풀어준다는 희극적 요소가 가미된 징슈필이다. 모차르트가 이처럼 무겁고 우수에 찬 노래를 작곡했던가? 물론 몇 개의 피아노협주곡과 일부 바이올린곡에 단조가 있긴 하지만 모차르트는 산뜻한 경쾌함 속에 특유의 우수를 내포하고 있다. 그래서 모차르트를 연주하기가 어렵다고들 한다.

모차르트 하면 표현은 조금씩 다르지만 늘 따라다니던 말, 모차르트의 내면의 슬픔이란 말을 자주 듣는다. 이는 모차르트의 외형적 성격과 그의 삶, 그리고 그의 음악이 주는 이원적인 면에 대한 생각들이 아닌가 한다. 즉 음악의 이면에 있는 모차르트의 삶의 그늘을 말하는 것이라 생각한다. 외연적 의미와 내포적 의미를 그의 음악에서 찾는 것이다. 모차르트가 그의 아버지에 대한 편지에 쓴 것처럼, 겉으론 광대처럼 웃고 속으로 우는 모차르트를 후세 사람들은 이야기하는 것이 아닌가 생각한다. 아래의 영문은 영국의 시인 키이츠가 쓴 편지와 모차르트가 아버지에게 쓴 편지다.

Living death was in each gush of sounds each family of rapturous hurried notes, that fell one after one, yet all at once,... To hover round my head, and make me sick of joy and grief at once. -Keats
모차르트는 생계 수단으로 음악 여행을 하면서, 한 번에 하나씩 또는 한꺼번에 여러 곡을 상상도 못 할 만큼 급하게 쓴 비슷비슷한 악보들이 내는 샘솟는 듯한 선율 속에 죽느니만 못한 자신의 삶을 이어 나갔다. 모차르트의 음악을 들으면 병적일 만큼의 기쁨과 슬픔이 동시에 머릿속에 맴돈다고 영국의 시인 키이츠는 썼다.

I often wonder whether life is worth living I am neither hot nor cold and don't find much pleasure in anything." Mozart, Letter to Leopold Mozart, May 29, 1778
나는 내 자신의 삶이 살아갈 가치가 있는 것인지 모르겠습니다. 나는 더운 것도 추운 것도 느끼지 못합니다. 아무것에도 흥미를 느끼지 못합니다. -1778.5.29 모차르트
작곡을 하는 일이 그에게 쉬운 일이라고 생각하는 것은 잘못된 것이다. 그는 600편의 음악 속에 35년 생애를 탕진했다.

세네카의 죽음
-Monteverdi: Seneca's death (L'incoronazione di Poppea)

나의 찬구들이여 시간은 왔네
결심을 실천에 옮길
그것은 모두에게 축복받을 일이지
죽음은 한순간인 것
방황하는 한숨이 마음을 떠나는 것
내 한숨은 심장 속에 너무 오래 있었어
거의 손님처럼, 이방인처럼

나는 올림푸스에게 날아오를 거야
그곳이 진정한 행복이 있는 내 집이지

죽지 말아요 세네카
이 세상은 너무 달콤해요
하늘은 너무 깨끗하고
모든 쓴 것들과 독 있는 것들은
단지 사소한 것들일 뿐이어요
내가 누워 편히 잠들면
아침에 나는 깨어나지만

> 멋진 대리석 무덤은 들어가면
> 다시는 돌아올 수 없어요
> 나라면 죽고 싶지 않을 거예요
> 죽지 말아요 세네카
>
> 가서, 모두들 내 목욕물을 준비하게
> 만약 생이 강물처럼 흐른다면
> 따뜻한 강물 같다면
> 나는 내 순수한 피를 거기 흘려보내고 싶네
> 죽음으로 가는 길을 내 피로 물들이고 싶네

음악의 목표는 영혼을 감동시키는 것이라고 한 클라우디 몬테베르디의 음악은 경건하고 엄숙하다. 그의 오페라 세리아 포페아의 대관식 중 제2막 세네카의 죽음 부분으로 우리나라엔 잘 알려지지 않았지만 좋은 곡이다. 오페라 세리아는 희극적 성격을 띠는 오페라 부파와는 달리 신화의 비극적 내용을 다루면서 합창 중창과 함께 아리아를 주 음악으로 하는 일종의 정가극이다.

포페아는 로마 네로 황제의 두 번째 부인으로 황후가 되지만 임신한 채 네로에게 살해당하는 비운의 여인이다. 네로는 포페아와 자신의 결혼을 반대하는 신하 세네카를 죽이려는 음모를 꾸미고 세네카의 유모는 사전에 이를 알아채고 세네카를 잠들게 하려 하지만 세네카는 자결을 결심한다.

문밖에 서 계신 어머니
-스페인 민요: 파리나무 십자가 소년 합창단

어디 있어요 엄마, 난 여기 있는데
엄만 저 떠오르는 해님보다 예쁘겠죠?

추워요 엄마
난 아무것도 입지 않았어요

아가야 집으로 돌아가면 따뜻할 거야
세상엔 너를 보살펴 줄 곳은 없단다
너를 보살펴 줄 곳은 어디에도 없단다

따뜻한 집에 돌아왔네
그리고 어머니가 물었네
아들아 엄마는 만나고 왔니

-산문집 『내 마음의 하모니카』에서

7남매 중 장남으로 나는 우리나라 남쪽 바다가 그리 멀지 않은 작은 마을에서 태어났다. 자라면서 가장 먼저 알아들은 것은 내가 주워 온 아이라는 말이었다. 이 말은 나를 일찍 철들게 했고 나는 유년기가 가기 전에 늙어버렸다.

누가 가르쳐주지는 않았어도 해 뜨는 바닷가 어딘가가 내가 처음 있었던 곳이었을 거란 막연한 생각에 발걸음은 자주 그곳으로 끌렸다. 종일 바닷가에 앉아있다 돌아오면 길가의 하찮은 풀뿌리에 걸려 넘어지고 울음을 터뜨리면 근심 깊은 태양은 서쪽 하늘에서 오랫동안 머뭇거렸다.

미술 시간에 그리는 그림엔 언제나 쪽빛 바다가 일렁였고 청보랏빛 하늘 한 귀퉁이에선 서러운 태양이 떨어졌다. 선생님은 그때마다 그림에 대하여 묻곤 했으나 대답은 피식 웃는 것이었다. 그러면 난로 위에 올려둔 내 가볍고 얇은 도시락 가장자리엔 눈물 같은 한 방울 김이 맺혔다.

노르웨이에서의 이상한 식사
-Grieg: Violin Sonata No2 Op.13

여름인데도 눈 덮인 저 산맥의 뒤에는
바람이 땅속 깊은 곳에서 아직
발견되지 않은 보석처럼
기다리고 있었을 것이다.
누군가의 핏줄 속에 흐르는
운명적인 꿈이
새로운 맥박의 탄생을
기다리고 있었을 것이다.
이 생각은 또 다른 저 북구의
황량한 바람이
지구의 반대편 페이지 위에
휘갈겨 쓴 짧은 문장으로 남을 것이다.

-『노르웨이 여행노트』에서

그들의 발자국 찍는 소리는 한 방향, 그러나 시선들은 제각각이다. 빛의 논리는 이미 렌즈를 통과했고 이유는 추상성을 현상했다. 그래 나, 하찮은 사람은 간다, 언어에 피부를 입히고 보폭의 리듬으로, 자연의 비율을 부셔버리고 오직 무한대의 규칙을 향해 출발

한다.

거대한 여객선 안에서의 첫 식사, 눈에 띄는 음식은 즐비하게 쌓인 크고 작은 각양 색깔의 햄들이었다. 나는 몇 개의 큼직한 햄과 검은 빵 하나를 접시에 담아왔다. 주위의 백인들이 나를 흘낏흘낏 쳐다보는데 커다란 햄을 한입에 넣었다.
악~.. 짜다, 접시의 모든 것들이 짰다.
혀가 절여지는 것 같은 느낌의 짠 것도 있었다. 가져온 햄들을 겨우겨우 입속에 모두 구겨 넣고 마지막 빵 조각을 먹었다.
덴마크에서 나왔던 음식을 떠올리면, 푸른 들판에서 하늘 위로 날아오르는 종달새의 피가 나의 몸속에서도 솟아오르는 것을 느꼈다. 빈 접시를 가져다 놓으면서 관리인에게 말했다, 음식들이 너무 짜다고.
관리인이 나를 노려보며 대답했다, 햄은 빵의 간을 맞추는 소스 같은 거라고. 그랬다, 밥 한 숟가락에 된장, 고추장, 간장을 한 그릇이나 먹은 셈이었다. 그날 이후 나는 누룽지탕으로 낯선 음식에 대한 노스텔지어와 나의 무지에 대한 선행 일기를 써 갔다.

시내를 걷다 보니 도서관처럼 깨끗하고 아담한 건물이 눈에 들어왔다. 주차장이 없고 자전거들만 세워져 있었다. 들어가 보니 시 의회 의사당 건물이었다.
자전거는 시 의원들이 타고 온 것들이었다.

우리는 스스로 부끄럽지 않은 삶을 살고 싶어 한다. 그러나 시대가 나를 휘감고, 나는 스스로를 더 껍데기로 휘감고, 내부에선 온실처럼 비겁함을 키운다.
'어른이 된다는 것은 생의 비겁함을 인정하고 화해하는 것이다.'
정약용이 말했듯 우리의 핏속엔 겉치레 유전자가 흐르는 모양이다.

만추의 계절에
-브람스 피아노 트리오 C장조 Op.87 제2악장

만추의 계절 사방은 울음의 색깔이다.
아파트 앞 단풍나무가 만지면 금방
눈물방울을 우수수 떨어뜨릴 것 같다.
이런 날엔 들어야 할 곡이 있다.
브람스 피아노 트리오 C장조 op.87 제2악장이다.

브람스의 중기에서 말년으로 향하는 시기에 쓰인 곡으로 그 구성이나 내용면에 있어서 완벽함 그 자체인 곡이다.
그의 감성은 놀라울 뿐이며, 기교적 비르투오소가 아닌 그의 정신적 비르투오소에 놀라는 것이다.
브람스는 사람의 내면을 정밀하게 타격한다.
안단테 콘 모토의 서정이 심장을 녹여버린다.
이것은 지금까지 문학이 표현한 감정의 범위를 훨씬 초월하는 음악의 본질이다.
브람스는 그의 친구에게 보낸 편지에서 밝혔듯 의식적으로 간결함과 수월성을 유지한다.
음악은 난해하거나 복잡한 기법에 의하지 않고서도, 더 난해하고 복잡한 정서의 밑바닥까지 닿을 수 있다는 것을 들려준다.

제1악장은 사람을 정열적으로 끌어들이는 매력이 아닌, 슈만 풍의 낭만이 도도하게 흐른다.

제2악장은 당김음에 의한 북구적인 우울한 주제와 변주로 비장하리만치 깊은 정열을 내면으로 한없이 깊게 끌고 들어간다.

제3악장은 현의 복잡한 기교가 점점 여려지며 신비함에 젖어 들게 하고, 제4악장에 이르러서는 광활한 제1 주제의 변주와 조바꿈을 거쳐 활발한 듯 온화하게 전 곡을 마친다.

장인 정신이 없는 영감은 바람에 떠는 갈잎에 불과하다는 브람스의 말처럼 음과 음 사이의 정적마저 빈틈이 없다.

사진 – 배홍배

성녀 클레어

-Respighi: Church Window P.150-3 The Matins of St. Clare

우리는 지금 파도소리와

모래바람이 놀다 간

낡은 대합실에서 듣고 있어

낙서 속의 주인공에게

아무것도 묻지 않았는데

덜컹거리는 창문이 자꾸만

대답하는 소리를 그래,

열 번의 여름바다와

그 위에 부는

사나운 바람 속에서 우리가

기다린 것은 무엇인지

오늘도 연착하는 완행열차는

가르쳐주는 거지

철 지난 해수욕장 모래는 아직

발아래 뜨거운데

사랑이란 이름의 마지막 열차를

우리는 서로

다른 방향에서 기다리고 있다는 거

　　　　　　　　　　- 시 『망상역에서』 전문

동해시 망상동 7번 국도와 소나무 숲 언덕이 스치는 곳에 조그만 간이역이 서 있다. 여름 한철 해수욕장의 개장과 함께 몇 차례 완행열차가 설 뿐 해수욕장이 철시하면 일 년 내내 햇볕과 바람만이 다녀가는 역, 역무원도 열차도 기다리는 사람도 없는 통과역 망상역이다.

통과역엔 어디에도 도달할 수 없는 허무의 레일이 놓여있다. 그 위를 지나는 열차는 달리면서도 멈추어있다. 가는 곳이 어디인지 찾아오는 이유가 무엇인지 모두 잊어버려야 달릴 수 있는 곳, 이곳이 망상역이다. 기다리는 것은 혼자서 덜컹거리는 허름한 목조 문짝과 대합실 안벽의 색 바랜 낙서들뿐인데 이 먼 길을 찾아오는 사람들은 누구일까.

오늘의 사랑은 삶에 지친 인간들의 초라한 도락으로 전락했다. 가슴을 뛰게 했던 그 무엇을 찾으려는 사람은 간이역에 와서 낙서들을 읽어보라, 어쩌다 그들이 이곳까지 흘러왔는지. 혹여 낙서 속의 주인공에게 아무런 질문도 하지 않았는데 어떤 구체적인 대답을 듣게 될 때 낭패감을 느낄지도 모른다.

이럴 땐 가슴 시리도록 애잔하고 아름다운 레스피기의 교회의 창 제3곡 마틴 성당의 성녀를 듣는다.

『예술을 그저 행하지만 마라.
예술의 비밀 속으로 파고 들어가라.』

-베토벤

철새들이 돌아오는 계절
-Krufft: Horn Sonata E major Andante espressivo

사랑에 관하여 관절이 앓는 듯
무릎에서 들기러기 우는 소리 들린다.
사랑에 관하여
관자놀이까지 내려온 하늘
굵은 햇빛 방울 뿌린다,
사랑에 관하여 그만 눈물을 보일 듯.

-시집 『단단한 새』에서

계절이 바뀌고 철새들이 돌아오면 떠나간 사람이 그립다.
이런 날은 방안 깊숙이 들어온 햇살도 서러운 색깔이다.
쓰디쓴 추억의 가루에 달달한 설탕 몇 덩이를 넣어
눈물 같은 뜨거운 물을 부어 들고 소파에 앉는다.
니콜라우스 폰 크루프트의 호른이 기러기처럼 운다.
탁한 울음 속에서도 새의 맑은 뼈처럼 피아노가 명징하다.
작곡가 크루프트는 19세기 초반 비인의 아마추어 작곡가였다.
이 곡은 특이하게 우울함과 친밀함과 사랑스러운 느낌이 섞여있다.
프로처럼 하나의 주된 주제를 일관되게 변주하지 않는 것이 오히려 친밀하게 들린다.

슬픔의 3중주
-라흐마니노프: 피아노 트리오 G단조

> 그리움을 앞세워 마중 나갔던 계절은 떠났다.
> 새로운 계절과 그리움이 다시 만나
> 서로 섞이는 저쪽에선
> 부옇게 보이지 않는 이쪽의 순결함으로
> 먼저 서럽게 얼룩지고
> 체념인 듯 순백의 논리로
> 너와 나의 세월 속에 체류하는 겨울을 맞이한다.
>
> -산문집 『내 마음의 하모니카』에서

"이렇게 좋은 곡을 이제야 들려주시다니요...하시겠죠?"
그리운 금강산의 최영섭 작곡가가 KBS FM 방송을 진행하면서 이 곡이 끝나자 했던 말이다.

차이코프스키가 세상을 뜨자 차이코프스키를 평소 존경하던 라흐마니노프는 슬픔에 잠겨 이 곡을 작곡한다. 작곡은 매우 신중하게 시작하였으며 6주가 넘게 걸렸다. 슬픔의 3중주란 부제가 붙은 이 곡은 1번 g단조, 2번 d단조로 되어있다. g단조는 차이코프스키가 모스크바 음악원장 니콜라이 루빈스타인의 사망을 애도하며 썼던 피아노 3중주 『어느 위대한 예술가를 위한 추억』과 매우 흡사하다.

2번 D단조엔 몇 개의 변주곡 형식이 들어있는데 그의 관현악 〈바위〉라는 곡에 있었던 것을 그대로 가져왔다. 이는 그 관현악곡의 초연을 차이코프스키가 지휘해 주기로 약속되어 있었는데 돌연 그가 사망한 것이 이유이기도 하다. 차이코프스키를 추모하며 쓴 라흐마니노프의 스승 아렌스키의 현악 4중주 a단조도 있지만, 라흐마니노프의 곡은 감미로운 향수를 불러오는 라흐마니노프 특유의 무겁고 암울하면서도 맑은 슬픔이 깃든 곡이다.

북부 유럽의 서늘한 서정
-그리그: 바이올린 소나타 3번 C단조 Op.45

오늘 아침 하늘은 거울같이 맑고 차갑다.
손닿으면 금방이라도 깨져 내릴 것만 같은
이런 날은 그리그가 생각난다.
북구의 차가운 돌 속에 묻힌 그의 맑은 울음소릴 듣고 싶다.

19세기 유럽을 휩쓸던 내쇼날리즘은 새로운 클래식 음악의 경향을 태동시켰다. 그것은 대담한 리듬과 민속 음악의 매력적인 멜로디들을 도입하는 것이었다. 당시에 잘 나가던 작곡가들, 이른바 독일 낭만주의 음악의 대가들도 자국의 민속 음악에서 영감을 얻어 새로운 음악의 위상을 정립해가는 시기였다. 이들 가운데 성공한 음악가의 한 사람인 그리그는 고향 노르웨이 산의 맑은 공기와 소나무 숲의 톡 쏘는 향기 같은 작품들을 내놓고 있었다.

그리그가 25세였던 1874년 노르웨이의 대 극작가 헨릭 입센이 그를 초대하여 자신의 극 페르귄트의 부수음악을 써달라는 요청을 한다. 작품은 발표되자마자 즉각적인 성공을 거두었고 외국에서도 반응이 아주 좋았다. 런던 타임즈는 천재적인 감각의 음악이라 극찬한다. 놀라움을 넘어 그림 같은 분위기의 인상이 연주가 끝난 다음에도 오래도록 연주장에 남아있다고 썼다.

브리티시 신문은 당일 마지막 연주가 끝나면 다음 날 아침 그리그의 연주회장에 입장하기 위해 11시부터 사람들이 줄을 지어 기다린다고 보도했다. 프랑스의 대작곡가 가브리엘 포레는, 요즘 잘나가는 음악가들 중 그리그의 인기에 필적하는 음악가는 없으며, 그리그만큼 작품들뿐 아니라 연주까지도 사람들의 일상생활에 깊이 파고드는 음악가는 없다고 단언했다.

그러나 조국과 해외에서 영웅적 대접을 받는 그리그였지만, 그리그 자신은 결코 자신의 작품에 만족하지 못했다. 그는 한때 솔직하게 고백했다. 바흐나 베토벤 같은 위대한 음악가들이 지상에 교회와 사원을 지었다면 자신은 사람들이 그 안에서 편안함을 느끼고 행복하게 살도록 실내장식을 꾸미고 싶다고 했다. 조국 노르웨이의 민속 음악을 작곡해오면서 민속 음악에서 값진 보물들을 캐내고 지금까지 발굴하지 못한 노르웨이의 민족정신을 찾아내는 노력을 해왔다고 말했다.

그리그의 음악은 노르웨이의 유쾌한 정신을 생생하게 표현하고 있는데, 문학성이 풍부한 그의 피아노협주곡은 따뜻한 선율 위로 떠오르는 것 같은 견고한 율동감 속에 노르웨이 정신이 스며들어

있다. 그의 협주곡은 그가 바라던, 모든 사람들이 그 안에서 편안하고 행복하게 살 수 있는 집과 같은 음악을 만들고자 했던 소망과 일치하는 곡이라 할 수 있다.

바이올린 소나타 3번 C단조는 피아노협주곡과 페르귄트 조곡에 가려 빛을 보지 못한 그리그의 뛰어난 곡이다. 그리그가 활동하던 시기는 낭만주의가 절정에 달할 때여서 그의 바이올린 소나타 역시 북유럽의 서늘하고 장엄한 낭만 정신이 꽃을 피우는 작품이다. 기술적으로 정교한 완성도 속에 그의 격조 있는 따뜻함이 2악장에서처럼 소슬바람 같은 그의 서정적인 선율을 감싸고 있다.

* 그리그의 바위 무덤

고독은 동굴처럼
-시벨리우스: 현악 4중주 D단조

퇴근 후에 집에 돌아와
아내가 없는 현관문을 열면
휑한 공간이 와락 껴안는다.
낯선 고독이 동굴처럼 누워
나를 기다리고 있었다.
봉급 통장이 가벼워지고
늘 있었던 자리에 없는 아내,
찬장 위의 가지런한 그릇들이
고요하게 빛난다.
씽크대 수도꼭지를 튼다.
차디찬 외로움이 쏴- 쏟아진다.
이럴 때 듣는 음악이 하나 있다.
시벨리우스의 현악 4중주 d단조다.

이 곡은 우리나라에서 연주되거나 방송국에서 소개되는 것을 들어본 적이 없다. 시벨리우스는 이 곡을 1908년에서 1909년까지 영국 런던에 체류할 때 썼다. 비슷한 시기에 바르톡과 쇤베르크도 각각 첫 현악 4중들을 썼는데, 그들 작품들에 비해 다소 올드한 것이어서 오히려 이전의 브람스나 슈베르트의 분위기와 비슷했다. 그렇다고 전통적인 것이라 해서 잘못된 것은 아니다. 이 작품은 긴장미와 인간의 감성미가 풍부한 세련된 곡이다.

처음 영국에선 반응이 그리 좋지는 않았다. 그리고 22년이 지나서야 미국 필라델피아에서 연주를 할 수 있었다. 이 작품이 사람들에게 인기가 없었던 이유가 네빌 카르더스의 말을 빌리자면, 시벨리우스의 음악은 고전적이지도 낭만적이기도 아니기 때문이라고 했는데 사람들은 대체로 그의 말을 수긍했다. 시벨리우스는 어떤 곡에선 침착함과 평온함이 부족하고 다른 곡에선 대범함이 부족하다는 것이었다.
시벨리우스는 이런 말에 즉각 반응하지 않았고 다른 작곡가들을 따라 하지도 않았다. 그는 좀처럼 자신의 속내를 드러내지 않았다. 그는 베토벤의 악구들을 흉내 내지도 않았고, 자신의 마음과 마음으로만 대화했다. 요즘엔 그의 스타일은 어느 작곡가들에게서도 볼 수 있는 것이 되었다. 그러나 시벨리우스의 스타일은 교향곡들에선 통할 수 있지만 실내악 D단조에선 아니라고 카르더스는 말했다.

그의 현악 4중주 D단조는 특이하게도 5악장으로 되어있다. 전통적인 소나타 형식과 모음곡 형식이 혼합되어 있다. 제1악장은 안단테 알레그로 몰토 모데라토, 제2악장은 비바체, 제3악장은 F장조 2/4박자 아다지오 디 몰토, 제4악장은 알레그로 마 피산테 그리고 마지막 5악장은 알레그로로 끝난다.

주제적 요소가 곡이 시작하면서부터 나타나고 경과부는 오히려 자유롭다. 제4악장은 형식면에서 정통을 따르고 있어 사람들은 슈베르트나 브람스, 드보르자크의 스케르초를 연상시키기도 한다. 에릭 블롬의 말에 따르면 마지막 5악장이 전 악장 중 인간의 감정을 가장 깊게 드러낸 부분이며, 시벨리우스 자신도 분명하게 이에 동의했다.

광기의 소나타
-슈만: 바이올린 소나타 1번 A단조

슈만은 작곡하는 데 꼭 필요한 것은 아무도 생각하지 못했던 음을 기억해 내는 일로 보고 예술가의 임무는 사람의 마음속 어둠에 빛을 비춰주는 것이라 했지만 정작 자신의 어둠엔 빛을 비춰주지 못했다. 슈만은 인간적으로 완벽에 가까운 젊은이였다. 문학도이기도 했던 그는 1834년 창간되어 지금까지 이어오는 음악 신보에 명문장으로 음악가들의 작품 평을 실었다. 아마추어 음악가로 인식되었던 슈베르트를 대 작곡가의 반열에 올린 것도 슈만이 한 일이었다. 슈베르트의 음악에 대한 환상적 열정을 동경했던 슈만은 그의 요절 소식을 듣고 밤새 울었다고 한다.

오늘날 슈만 이전과 당대 작곡가들의 작품론을 말할 때 반드시 슈만의 평이 언급되는 것을 보면 그의 음악적 지식과 문장 표현력이 얼마나 뛰어났는지 알 수 있다. 슈베르트뿐 아니라 이탈리아를 중심으로 활동하던 음악가들에 비해 저 평가되던 독일 쪽 음악가들, 바흐, 베토벤, 베버, 멘델스존 등의 위상을 높이는 데도 슈만의 공이 컸다. 이 같은 슈만의 우수한 재능에도 불구하고 비크가 딸 클라라와 사귀는 것을 반대한 이유는 슈만 가에 내려오는 정신 질환 때문이었다.

과도한 연습으로 손가락을 다쳐 피아노 연주가로서의 꿈을 접어야 했던 슈만은 전업 작곡가로서의 새로운 도전과 사랑의 도전으로 심적 고통이 큰 시기를 보내야 했다. 비크는 슈만과 클라라를 떼어놓기 위해 딸을 데리고 장기간 외국 여행을 떠나고, 슈만은 클라라를 잊기 위해 피아노 제자 에르네스티네와 결혼을 조건으로 사귀게 되지만 이 일은 슈만과 클라라의 헤어날 수 없는 사랑의 깊이만 더 확인해준다.

다시 비크는 딸을 데리고 드레스덴으로 가서 1년을 머물며 편지의 왕래도 금지한다. 비크 교수의 친구 베커의 도움으로 편지를 주고받을 수 있게 된 두 사람은 편지로 비밀리에 약혼하기에 이른다. 이 와중에도 슈만은 1840년 예나 대학에서 철학 박사 학위를 취득한다. 그가 비크에게 인정받기 위해 얼마나 치열하게 노력했는지를 보여준다.

그러나 비크의 반대는 더욱 거세지고 슈만에게 접근을 금지하며 살해 위협까지 한다. 클라라는 어쩔 수 없이 생모의 서명을 받아 법원에 제소하고, 멘델스존 등 음악 친구들의 후원과 도움으로 슈만은 승소해 결혼에 성공한다. 그러나 낭만파의 중심 음악가였고 음악평론가며 철학자였던 슈만은 장인 비크가 염려한 대로 결혼 생활 16년 되던 1856년 여덟 자식을 클라라에게 남기고 정신 병원에서 46세로 쓸쓸히 세상을 뜬다.

이상은 슈만에 대해 알려진 일반적인 이야기다. 그의 정신질환과 관련된 음악 이야기는 알려진 게 별로 없다. 하지만 그의 광기가 나타나는 음악이 있다. 바이올린 소나타 1번 A단조다. 그가 41세 되던 해 뒤셀도르프의 시립관현악단과 합창단을 지휘하면서 극심한 정신적 피로가 쌓인다. 그는 뛰어난 작곡가였지만 지휘엔 그다지 능하지 못했기 때문이다. 그전에도 정신적 징후가 있었지만 증세가 음악에 나타난 것은 바이올린 소나타 1번에서다. 그는 이 곡을 쓰기 시작한 지 4일 만에 완성을 한다. 보통 사람으로선 특이한 집중력이다. 곡은 처음부터 흔들리는 그의 정신을 나타내듯 불안한 긴장감이 흐르다가 마지막에 이르러선 바이올린과 피아노가 광채를 띠며 서로 부딪치고 밀고 쫓는다. 그리고 3년 후 슈만은 라인강에 투신한다.

세상에서 가장 슬픈 노래
-헨리 퍼셀: 디도의 탄식

내가 태어난 것은, 이 세상에 태어난 것은 잘못이었어,
고통도 없이, 아무런 고통도 없이, 당신의 가슴 속에
태어난 것은 잘못이었어.
내가 태어난 것은, 이 세상에 태어난 것은 잘못이었어,
고통도 없이, 아무런 고통도 없이, 당신의 가슴 속에
태어난 것은 잘못이었어. 나를 기억해줘,
기억해줘 나를 기억해줘 나를, 기억해줘 나를.

그러나 아,
나의 운명은 잊고 기억해줘 나를, 기억해줘 나를
나를 기억해줘, 나를 기억해줘, 기억해줘 나를.

그러나 아,
내가 태어난 것은, 이 세상에 태어난 것은 잘못이었어,
고통도 없이, 아무런 고통도 없이 당신의 가슴 속에
태어난 것은 잘못이었어. 나를 잊지 말아요,
잊지 말아요, 그러나 아, 나의 운명은 잊고 나는 잊지 말아요.

바로크부터 슬픈 음악을 찾아보면 영국 작곡가 헨리 퍼셀이 쓴 오페라『디도와 아이네아스』중 디도의 탄식만큼 가슴을 짓누르는 슬픈 노래는 없다. 비탄에 잠긴 카르타고의 여왕이 죽기 전 부르는 마지막 작별의 노래다.

트로이가 그리스에 함락되자 트로이의 명장 아이네아스는 유민을 이끌고 서쪽으로 항해하다 카르타고에 머문다. 그곳의 여왕 디도와 사랑에 빠져 7년을 머물다 쥬피터 신의 명령을 받은 아이네아스는 이탈리아를 향해 떠나고 혼자 남은 디도는 연인이 떠나간 바다를 바라보며 그가 남기고 간 칼로 자결한다.

4개의 슬픈 노래
-미키스 테오도라키스: Sorrowful Songs 4/4

빨랫줄에 걸린 어머니의 헌 옷에서

한 쪽 팔이 흘러내립니다

어깨가 흘러내리고

온몸이 흐른 다음은

한 방울로 멀어지는 목숨 자리

전생에서 당신까지 버려진 눈물

몇 개의 낮과 밤으로 찢긴

무참한 한나절을

까맣게 잊고 땡볕으로 지는 하루입니다

-시 『빨래』 전문

설을 지내고 고향집을 나설 때 아버지의 눈에 눈물이 고였다.
세상에 나서 처음 보는 아버지의 눈물,
"너를 보는 것이 마지막인 것 같다."
그리고 2개월 후 아버지는 아무도 임종을 못 한 채 가셨다.
구순의 어머니가 고향집에 혼자 계신다.
모시고 올라와도 금방 내려가신다.

"니 아부지랑 사는 게 젤 좋다."

아버지도 계시지 않는데 내려가신다.

시골집에 CCTV를 달았다.

어머니의 하루 생활을 아들이 감시한다.

어머니는 벽에 걸린 아버지의 사진과 대화를 한다.

일곱 남매 자식들 이야기를 하신다.

아픈 손가락 큰아들, 못사는 큰아들 걱정을 하신다.

큰아들은 어머니의 눈물을 본 적이 없다.

아버지가 가셨을 때도 어머닌 울지 않았다.

우리 집 빨래가 어머니의 눈물을 모두 흘려버렸기 때문이다.

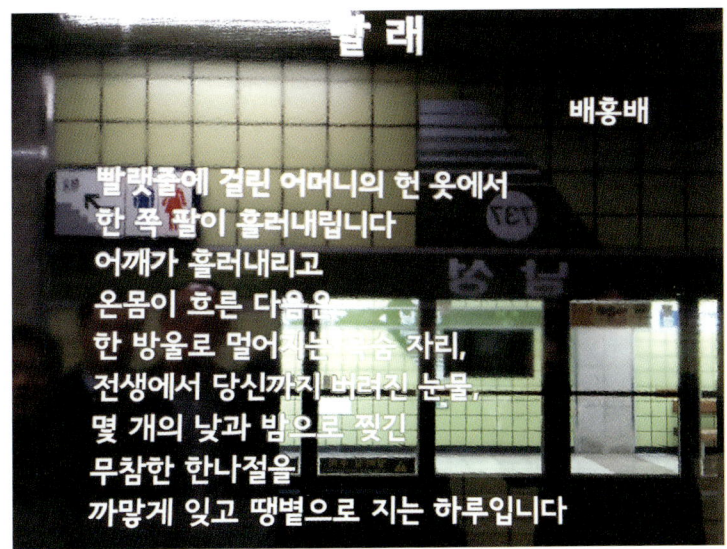

넘쳐흐르는 눈물
-슈베르트: Wasserflut

매서운 바람에 머리칼이

거꾸로 자라

머릿속이 검은 결백으로

채워져

바보가 된 나는

흰 설원 위에

읽을 수 없는 필기체를 휘갈겨 쓴다

-시 『대관령』 전문

눈은 사랑에 대하여
분분한 논란처럼 내린다.
바람은 사랑에 대하여
폭동처럼 불어간다.
나는 폭동의 주범으로 몰려
오늘도 설원으로 추방된다.
사랑의 무정부주의자인 나는
사랑에 대하여 묻고

손에 든 필름 카메라는
사랑의 과거를 대답하고
어깨에 매달린 디카는
사랑에 대하여
한 조각의 진실도 모른 채 정처가 없다.

시벨리우스의 슬픈 노래
-시벨리우스: Elegie

그날 밤 우리는 안개비를 맞으며 들길을 걸었다.
누가 먼저랄 것도 없이 우린 서로 팔짱을 끼고
마을의 불빛들이 하나둘 내려와
그녀의 머리카락 위로 송송 맺히고 있었다.
발아래선 개구리울음들이 으깨지고
우산을 접었다 폈다 했지만
그녀의 머리 위론 들지 못했다.
멀리 여인숙의 네온 불빛에 우린 목이 마르고
손바닥이 가려웠다.
그녀의 행동은 그윽했으므로
말은 하지 않아도 되었다.
우리가 애써 서로의 눈빛을 간섭하지 않은 채
기다리고 있었던 것은 무엇이었을까?
돌아오는 길이 시벨리우스의 비가로 파랗게 멍이 들었다.

그때 우리 둘 사이의 마음을 언어가 표현하지 못할 때 시벨리우스의 음악은 길바닥 위에 분명하게 쓰고 있었다.

시벨리우스의 4악장으로 이루어진 킹 크리스티안 2세 모음곡은 가벼운 소품으로 그의 다른 음악들과는 또 다른 음악의 세계를 엿볼 수 있는 작품이다. 악보는 총 19페이지밖에 되지 않지만 이 작품은 시벨리우스의 가장 독창적이면서도 그의 걸작 중 하나다.

1898년에 작곡된 이 작품은 그의 친구 아돌프 폴이 쓴, 독일의 평민 소녀 디베케와 사랑에 빠진 스칸디나비아 왕 크리스티안 2세의 사랑 이야기에 대한 것이다.

두 번째 악장의 첫 곡 elegie(비가)는 현악기들로만 연주된다. 스웨덴에서의 대학살 사건 후 피의 군주로 제위에서 쫓겨나 독방에 갇힌 그를 위한 무겁고 슬픈 분위기의 곡으로 우리에겐 거의 소개되지 않는 곡이다.

세상에서 가장 슬픈 음악
-말러: 교향곡 5번 4악장

말러를 비판하는 사람들이 말러는 차가운 피를 가진 높은 마찰계수의 소유자며 그의 존재는 태풍의 눈과 같다고 평한 반면, 옹호론자들은 예술의 이상에 순교한 성자라고 한다. 이는 말러의 음악세계보단 그의 인품이나 사람됨에 더 주목한 말이 아닌가 한다.

그가 뉴욕 필하모니 지휘자로 있을 때 일어난 일화가 있다. 그의 사무실엔 버튼을 하나 누르면 단원이 한 사람 들어오는 버튼 박스가 있었다. 말러는 그것이 신기해서 견딜 수가 없었다. 모든 버튼을 하나하나 눌렀다. 그가 부르고자 하는 단원이 들어올 때까지 모든 단원들이 말러의 방을 들락거렸다. 이 사실 하나만 보더라도 그의 편집증적인 성격을 알 수 있다.

세상에서 가장 슬픈 음악 중 하나로 말러 교향곡 5번 4악장 아다지에토를 꼽는다. 70년대 초반 영화 베니스에서의 죽음에 삽입된 곡이기도 하다. 기분이 침울할 때, 정신적으로 참을 수 없을 고통을 받을 때 들으면 좋은 곡이다. 오랜 친구처럼 고통스런 멜로디의 강력한 울림으로 아픈 마음을 서로 함께하면서 위안을 준다. 말러를 듣고 흘리는 눈물은 생의 가장 슬픈 시기의 깊은 절망과 마음의 고통을 이겨내면서 느끼는 카타르시스다.

즐거움과 고통을 분별할 수 없게 하는 선물
-모리스 라벨: 죽은 왕녀를 위한 파반느

유리창을 열고 차가운 별들을 본다.
내 마음의 창을 통과하는 것은
반짝이는 것들이 아니다.
어둠의 평온함이다.
어둠은 하늘이 우리에게 내린,
즐거움과 고통을
분별할 수 없게 하는 공간의 선물이다.

라벨이 무소로그스키의 피아노곡 전람회의 그림을 편곡한 오케스트라의 악보처럼 이 곡도 본래 피아노곡으로 쓴 것이다. 1899년 라벨이 포레에게 공부하고 있을 때 쓴 파반느는 그가 출판한 첫 번째 작품이다. 라벨은 곡의 제목이 주는 쇼킹한 슬픔에 대해선 매우 명확하게 아무런 사실적 의미가 없다고 말했다. 단지 그는 음조가 맘에 들어 그렇게 작곡했을 뿐이라고 했다. 그림 속의 춤 추는 한 어린 왕녀를 떠올리는 것 외엔 죽은 아이를 위한 슬픔 같은, 자신의 곡을 가지고 이야기를 꾸며내지 말 것을 강조했다. 파반느는 16세기 스페인과 이태리의 궁정에서 추는 춤이었다. 프랑스에서 스위스인 아버지와 스페인의 바스크계 어머니 사이에서 태어난 라벨에게 스페인은 특별한 의미가 있었는데, 그의 작품 속엔 스페인의 유산이 많이 들어있다. 따라서 파반느는 스페인의 문화와 그 독특한 위치에 대하여 공헌할 목적으로 작곡한 것이지 그 이상의 것은 아니라는 것이다. 라벨은 나중에 이 작품을 탐탁하지 않게 여겼는데, 작곡가로서의 자신의 초기의 특성이 너무 결여되었다고 생각했다. 형식적인 구성면에 있어서 빈약함에도 불구하고 파반느는 1910년 다시 화려하고 신비스러운 오케스트레이션을 거쳐 사랑받는 곡으로 재탄생하게 된다.

양치기 아가씨
-캉틀루브의 오베르뉴의 노래 중 Pastourelle

오 내게 오세요!
강을 건너오세요!
이리 오세요,
와서 우리 진지하게 이야기해요;
오늘 하루 남은 시간 동안
사랑에 대하여 이야기해요!

하지만 난 건너갈 수 없어요!
나는 어떻게 하죠?
내겐 배가 없어요,
강을 건널 다리도 없어요;
양치기조차 없어요
나를 진심으로 사랑해줄!

당신은 곧 배를 갖게 될 거예요
나를 진정 사랑한다면요!
당신은 둥근 다리를 갖게 될 거예요,

당신은 양치기도 갖게 될 거예요
당신을 진정으로 사랑해줄
평생 동안!

캉틀루브의 오베르뉴의 노래 중 가장 유명한 것은 바일로레 이지만 우리의 정서엔 이 곡이 더 가슴에 와닿는다.
슬프도록 아름다운 선율은 듣는 이의 마음을 정화시킨다.

자크린의 눈물
-Offenbach: Jacquelin in Tears

독일의 첼리스트인 베르너 토마스가 100여 년 동안 묻혀있던 오펜바흐의 첼로 곡 하나를 찾아냈다.
오펜바흐(1819~1880)는 독일의 작곡가로 오페레타(소규모 오페라)를 처음 창시했다.
그는 우리에게 잘 알려진 캉캉 춤(발을 앞으로 높이 차올리면서 치마를 좌우로 둥글게 흔드는 춤)의 음악이 들어있는 오페레타 『천국과 지옥』으로 유명하다.
토마스는 오펜바흐의 첼로곡에 〈자크린의 눈물〉이란 이름을 붙여주었다.

영국 태생인 자크린 뒤프레, 1970년대의 연주 무대를 주름잡던 그녀는 28세 때의 어느 날 연주 도중 첼로 활을 떨어뜨린다. 그리곤 곧이어 온몸의 근육이 서서히 굳어가는 다발성 척수 경화증을 진단받은 비운의 천재는 남편(브라질 피아니스트 바렌보임)과 이혼하고 홀로 쓸쓸하게 병마와 투쟁하다 42세에 생을 마감했다.
베르너 토마스가 100여 년 후에 발견한 오펜바흐의 이 첼로 곡에 자크린의 이름을 붙인 것은 선율이 너무나 아름답고 슬펐기 때문에 자크린을 영원히 기리기 위함이었다.

자크린이 사용하던 첼로는 중국계 미국인 첼리스트 요요마에게 전해져 지금까지 그가 사용하고 있다. 자크린의 남자보다 더 힘차고 강렬한 기교와 서정적인 큰 볼륨은 그대로 요요마에게 전해져 그는 요즘 무시무시한 첼로의 기교를 자랑하고 있다.

오디오 샵에 가면 이 곡을 들려준다. 아무리 허접한 오디오에서도 이 곡은 기가 막히게 흘러나온다. 바다의 여신 사이렌이 그 아름다운 노래로 뱃사람들을 유혹하듯 이 〈자크린의 눈물〉은 가난한 오디오쟁이들의 주머니를 끝내 유혹하고 만다.

연인과의 이별 후
-베토벤: 현악 4중주 1번 F장조 Op.18-1 제2악장

이 곡은 작품 18의 6곡 중에서도 자주 연주되는 곡이다. 베토벤의 모든 곡 중에서도 내면적 원숙미가 출중한 곡으로. 아다지오 아페투오소 에드 아파시오나트(매우 느리며 감정을 넣어 열정적으로) d단조 9/8박자 소나타 형식으로 서정미가 뛰어난 안정된 곡이다.

베토벤이 이 곡을 완성하여 친구인 아맨다에게 제2악장을 들려주고 느낌을 묻자, 친구는 연인과 이별한 느낌이 드는 곡이라고 대답하고, 베토벤은 로미오와 줄리엣에 나오는 줄리엣의 무덤을 연상하면서 이 곡을 썼다고 이야기한다. 이 악장은 그만큼 슬프고 어두운 정서가 지배한다.

제1 주제는 다른 악기들의 조용한 반주를 받으며 제1 바이올린이 피아니시모로 시작한다. 평온한 경과부를 지나고 제2 주제가 F장조로 제2 바이올린에 의해 연주되면서 제1 바이올린과 대화를 하듯 계속해 나간다. 그리고선 짧고 작은 코다가 피아니시모로 조용히 제시부를 끝맺는다. 두 마디 형식의 작은 코다가 피아니시모로 아주 여리게 1주제의 전개부로 이어진다. 그러다가 재현부에 이르

러선 제1 주제가 d단조로 나타나는데 섬세한 반주가 제시부보다 더욱 완성된 서정미를 들려준다.

제2 주제는 비올라가 d장조로 시작하여 제1 바이올린이 이어받는다. 코다에선 다시 d단조로 조바꿈을 하고 첼로가 제1 주제를 노래한 다음 전체적으로 격렬하게 고조되다가 아주 조용하게 끝을 맺는다.

어느 위대한 예술가를 위한 추억
-차이코프스키: 피아노 3중주 a단조 Op.50

차이코프스키는 여러 중대규모의 관현악에 비해 실내악은 5개밖에 쓰지 않았다. 피아노가 들어가는 실내악곡은 단 하나만 남겼다. 피아노 3중주 A단조가 그것이다. 사람들에게 『어느 위대한 예술가를 위한 추억』이란 부제가 붙어있는 곡으로 실내악 중 비교적 접근하기 편한 곡이다.

특정 악기를 싫어하는 작곡가들이 있었다. 모차르트와 차이코프스키가 그들이다. 모차르트는 클라리넷을 몹시 싫어했다. 음색이 당나귀 울음소리 같아서 천박하다고 했다. 차이코프스키는 바이올린, 첼로 같은 현악기가 피아노와 어울리는 것은 참을 수 없는 불협음 이라고 했다. 하지만 모차르트가 그의 후원자를 위해 어쩔 수 없이 작곡하게 된 클라리넷 곡들과, 차이코프스키가 죽은 그의 친구를 위해 쓸 수밖에 없었던 피아노 트리오가 훗날 명곡으로 남게 된 것은 아이러니하다.

차이코프스키의 그 친구는 모스크바 음악원 원장이었던 니콜라이 루빈스타인이다. 차이코프스키가 피아노협주곡 1번을 작곡하고 당시 피아니스트인 그에게 보여주었다. 그러나 친구인 그는 차이코프스키의 첫 피아노협주곡을 매몰차게 혹평을 하였다. 기교가 너무 난삽하여 연주 불능의 곡이라는 것이었다. 하지만 얼마 후에 루빈스타인은 차이코프스키에게 정중히 사과하고 자신이 직접 연주하면서 둘의 관계는 전보다 훨씬 가까운 사이가 되었다. 그리고 루빈스타인이 50세로 갑자기 사망한 후 친구를 잃은 차이코프스키는 그를 추억하는 곡을, 그토록 어울리지 않는 악기들이라고 싫어했던 피아노와 바이올린과 첼로가 협연하는 피아노 트리오를 작곡하게 된 것이다.

한 음악가가, 어떤 악기가 그의 진가를 인정받지 못하고 긴 세월을 무명으로 보내는 경우가 있다. 그러다 어떤 계기로 갑자기 사람들의 관심을 받게 되는데 이는 불공정에 대한 반작용으로, 반작용의 코어는 정의다. 정의는 설명할 수 없는 고통에 대한 약속된 보상이다. 차이코프스키가 친구를 잃었을 때 그가 끔찍하게 혐오했던 피아노와 바이올린을 위한 곡과 설명할 수 없는 화해를 한 것은 자신의 뇌리에 각인 된 피아노와 바이올린과 첼로의 불협에 대한 보상이었었던 것이다.

기이하고 괴팍한 피아니스트
-Richard Strauss: Sonata for Piano in B Minor Op.5

역사상 천재 피아니스트 명단에서 언제나 빠지지 않는 괴짜 글렌 굴드는 리하르트 슈트라우스의 곡을 음악 사상 가장 뛰어난 것으로 평가했다.

그는 명료한 대위법에 근거한 바흐 하이든 베토벤의 몇 작품을 제외하고 후기 고전주의부터 프로코피에프, 리하르트 슈트라우스 이전의 작품들은 음악의 형식도 갖추어지지 않은 흩뿌려진 음표들의 모음이라고 혹평하며 실제로 이들 작품들은 연주하지 않고, 특히 쇼팽 리스트 슈만의 작품들은 혐오하기까지 했다.

굴드는 1932년 캐나다에서 태어나 50세에 뇌졸중으로 세상을 떠난 기이한 천재, 괴팍한 천재 등 많은 수식어가 따르는, 다시는 없을 피아니스트다.

그는 바로크의 바흐부터 시작해서 고전의 베토벤, 후기 낭만의 슈트라우스와 근현대의 프로코피예프, 스크리아빈, 힌데미트, 쇤베르크에 이르기까지, 지금까지, 그리고 앞으로도 다시는 들어볼 수 없는 독특한 연주 해석을 가진 피아니스트다.

굴드의 기이함에 대하여 간단하게 열거해보자면, 그는 연주 시에 계속 중얼중얼하거나 흥얼거리며 몸을 흔든다.
평소 결벽증이 심해서 세균이 옮길까 두려워 악수하는 법이 없었고 여름에도 감기가 무서워 두꺼운 코트를 입고 다녔다.
물도 전용 병에 마실 물을 늘 가지고 다니며 무슨 약인지 매일 약을 한 줌씩 먹었다.
그리고 대인 공포증과 광장 공포증이 있어 말년엔(말년이라 해봐야 50세에 갔지만) 공연은 기피하고 주로 스튜디오 녹음만 했다.
스튜디오 녹음 시에도 그의 흥얼거림은 계속되어서 녹음 기사들을 짜증나게 했다.

하지만 그의 피아노 연주를 들어보면 눈앞에서 피아노 건반은 사라지고 하얀 손으로 소리의 공간을 두드리는 것 같은 독특한 느낌은 마성과 같아 그의 연주를 듣고 나면 같은 곡을 탄 연주가가 들려주는 것은 밋밋하게 들린다.
특히 자칫 단조롭고 지루하기 쉬운 바흐의 연주는 독보적이어서 앞으로도 그의 아성은 깨지지 않을 것이다.

여기서 그의 연주에서 중요한 피아노와 그의 의자를 빼놓을 수가 없는데, 그는 평생을 스타인웨이라는 피아노를 가지고 다녔다.
해외 연주 시엔 비행기로 싣고 다녔다.

정확한 기록은 없지만 들은 이야기로는 일본에서의 공연 때 그의 앞에 스타인웨이가 아닌 일제 야마하 피아노가 있는 걸 보고는 그대로 집에 가버렸다고 한다.
그리고 연주할 땐 어려서부터 사용했던 낡은 목제의자를 평생 가지고 다녔는데 어린아이 때부터 사용했던 거라 높이가 낮아 굴드는 늘 푹 꺼진 자세로 우스꽝스럽게 연주를 했다.

연주장에 도착해서는 연주가 시작되기 전까지 화장실을 수시로 들락거리며 안절부절못했지만 일단 피아노 앞에 앉으면 천상의 소리가 그의 손끝에서 울려 나왔다.
굴드는 최상의 연주를 들려주기 위해 최상의 준비를 한 것이었다. 외부에서 보기엔 기이하고 괴팍스럽고 이상하게 보이는 행동이었지만 천상 예술가였다.
그가 평생 고집했던 피아노 스타인웨이와 낡은 의자는 그의 독특한 음향에 맞는 최적의 동반자였다.

『나는 손가락으로 피아노를 연주하지 않는다. 마음으로 연주한다.』
-글렌 굴드

장송 행진곡
-로베르트 슈만: 피아노 5중주 E플랫 장조 Op.44 제2악장

끝없이 떨며 이상한 모양으로

익어간다 무게도 겹게

달력 한 귀퉁이를 차지하는데

몇십 년을 소비하고

누렇게 질려가는 오늘

필사적으로 빛을 뻗고

까맣게 지친 태양이

얼굴 속에서 형태를 잃어갈 때

부끄럼 없이 둥근 접시에 담긴

눈먼 벌레와 속삭이고

머릿속에서 기억은 혼란스럽게 꿈틀거렸다

-시 『오늘 2』 부분

이 곡은 슈만이 한창 창작열이 불타오를 때 쓰인 곡이지만 아내 클라라의 아버지가 결혼을 반대한 이유였던, 슈만의 가계에 내려오는 정신적인 문제로 닥쳐올 불행을 예고라도 하듯 우울하고 무거운 분위기의 장송행진곡 제2악장이 독특하다.

1842년은 슈만의 해라고 할 만큼 그의 전성기였다. 불과 9개월 만에 그의 대부분의 피아노곡들과 가곡들, 세 곡의 현악 실내악곡들(현악 4중주 Op.41, 피아노 5중주 Op.44, 피아노 4중주 Op.47), 그리고 피아노 판타지 3중주를 완성했다.

그중 우리에겐 잘 알려지지 않았지만 피아노 5중주 E플랫 장조 Op.44는 기념비적인 곡으로 슈만의 새로운 면을 엿볼 수 있는 작품이다. 슈만은 피아노와 현악파트를 동등하게 활용함으로써 비르투오소적인 새로운 장르를 개척했다. 이 작품 이전에 피아노 5중주는 형식적으로 이미 첼로 대신에 더블베이스를 사용하고 있었는데 이는 슈베르트의 피아노 5중주 숭어에서 그 예를 찾아볼 수 있다. 그리고 이런 기법은 후에 브람스에게도 영향을 주어 그의 피아노 5중주 F단조도 피아노와 현악파트를 동등하게 사용하고 있다.

첫 악장은 전체적으로 우아한 분위기 속에 각 악기들이 유쾌하게 대화하는 듯한 힘찬 느낌이 드는 것에 비해 두 번째 악장은 독특한 C단조의 장송 행진곡 형식으로 되어있어 우리의 정서로선 쉽게 가까이 할 수 있다. 그러나 제1악장에서와 같이 갑작스런 변화를 가져오는데, 랩소디풍의 분위기가 어둠에서 빛으로 바뀌는 부분이다. 이 악장에서 가장 인상적인 부분은 첼로가 바이올린과 함께 격정적인 슬픔의 대화를 이끌어가는 것이다. 그렇게 진행하다가 잠시 후 침울한 장송 행진곡은 울부짖는 듯한 선율이 등장하면서 악장은 갑작스런 결말을 맺는다.

슈만은 이 피아노 5중주 Op.44를 아내인 클라라를 위해 작곡했다. 클라라는 당시 뛰어난 피아니스트이면서 작곡가이기도 했다.

죽음으로의 매혹적인 초대
-레조 세레스: Gloomy Sunday

우울한 일요일

내가 흘려보낸 그림자들과 함께

내 마음은 모든 것을 끝내려 하네

곧 촛불과 기도가 다가올 거야

그러나 아무도 눈물을 흘리지 않기를.

나는 기쁘게 떠나간다네

죽음은 꿈이 아니리

죽음 안에서 나는 당신에게 소홀하지 않네

내 영혼의 마지막 호흡으로 당신을 축복하리…

이것은 과연 축복일까? 저주일까?

전 유럽을 죽음으로 몰아넣은 이 곡은..?

부다페스트의 한 빌딩에서 투신자살한 작곡가 레조 세레스는 이런 얘기를 했다.

"나는 내 마음속 노래를 작곡하고, 부다페스트의 모든 절망을 Gloomy Sunday의 선율에 눈물처럼 쏟아냈다. 나와 비슷한 처지에 있는 사람은 잊었던 상처를 스스로 발견한다."

그래서일까? 레조 세레스의 눈물과 그 눈물에 깃든 상처가 오선지마다 슬픈 향기로 배어나서일까? 레코드가 출시된 지 8주 만에 헝가리에서 187명이 자살한 것을 시발로, 노래 Gloomy sunday에 얽힌 극적인 죽음의 일화가 60년 동안 전 세계를 떠돌았다.
왜 그럴까? 이 노래에 담긴 그 무엇이 사람들을 죽음으로 이끄는 걸까? 왜 빌리 할러데이, 마리안느 페이스풀, 엘비스 코스텔로, 시네이드 오코너, 사라 브라이트만처럼 수많은 가수들이 이 노래에 깃든 죽음을 예찬하고 있는 것일까? 그리고 사람들은 왜 여전히 그 죽음의 치명적인 유혹에 매혹되어있는 것일까?

감독 롤프 슈벨은 닉 바로코의 원작소설인 〈슬픈 일요일의 노래〉와 이 노래에 얽힌 기구한 사연에 약간의 상상력을 더해 Gloomy Sunday의 전설을 스크린에 투영시켰다. 그리고 영화를 통해서 일로나라는 한 아름다운 여인을 둘러싼 세 남자의 사랑과 배신. 그리고 죽음을 목도하게 한다.

일로나, 생의 전부를 걸고 싶은 아름다운 여인, 레스토랑의 주인인 자보와 레스토랑의 피아니스트인 안드라스는 그녀의 아름다움에 매혹돼 운명적인 삼각관계를 시작한다. 그리고 그녀의 사랑을 잃을까 두려워한 자보는 결국 이렇게 속삭인다.
"당신을 완전히 잃느니 차라리 반쪽이라도 갖겠어."

그 세 사람 사이에 독일 군 장교 한스가 끼어들고, 세계 제2차 대전의 먹구름이 드리워지면서 그들의 사랑엔 죽음의 포르말린이 감돌기 시작한다. 그리고 비극적인 운명의 전주곡처럼 울려 퍼지는 Gloomy Sunday의 선율.. 안드라스는 일로나의 생일 선물로 이 곡을 작곡하게 되지만, 한사코 노래 부르기를 꺼리던 일로나가 이 곡을 나직이 속삭인 뒤 안드라스는 그만 총의 방아쇠를 당기고 만다. 그 뒤 자보는 수용소로 끌려가고, 한스는 60년의 세월이 흐른 뒤 이 Gloomy Sunday의 저주로 결국 숨을 거두고 만다. 실화와 허구를 넘나들면서 삶과 죽음의 경계선에서 머뭇거리게 만드는 몽환적인 선율이다.

신의 날에
-막스 부르흐: 첼로협주곡 콜 니드라이

첼로의 침묵의 햇덩어리가

내 지식의 지평과 합쳐질 때

터무니없는 분노의 일몰 한가운데서

행복하다고 쓰는 것인가,

써야만 하는가 콜 니드라이 신의 날에.

콜 니드라이(kol nidrei), 일명 신의 날이라고 명명되는 이 곡은 독일 부르흐의 첼로협주곡이다. 좀 더 정확하게 말하면 독주 첼로를 위한 관현악 반주곡이라 할 수 있다. 본래 히브리어 콜 니드레(kol nidre)의 독일식 표기로 유대교의 전통과 관계있는 곡이다. 유대인들의 속죄의 날(욤 키푸르) 전야제 때 기도문으로 장엄하면서도 애조를 띈 가락이 종교와 관계없이, 클래식과 관계없이 많은 세계인들이 애청하는 곡이다. 대부분의 곡은 그 구성에 있어 템포가 변하는 것이 일반적이나 특이하게도 콜 니드라이는 곡 전체의 빠르기가 아다지오(느리게)다. 물론 후반부에 가면 단조에서 장조로 바뀌면서 운 포코 피우 아니마토, 즉 생기 있고 점점 발랄하게란 지시어가 있지만 신 앞에서 경건한 인간의 뉘우침의 빠르기다.

부르흐는 그렇게 많이 알려지지는 않았다. 작곡가로서 보단 지휘자로서 더 많이 활약을 했기 때문이다. 따라서 쓴 작품들이 그리 많지 않은 것도 한 이유다. 하지만 클래식 음악에 입문하는 사람들이 좋아할 만한 곡들을 남겼다. 그의 스코틀랜드의 환상곡이란 부제가 붙은 바이올린 협주곡 G단조와 이 콜 니드라이 첼로협주곡은 우리나라 클래식 애호가들이 처음에 가장 많이 들었을 것이다. 그만큼 곡이 우리의 정서와 한과 닿아있다. 이 두 곡은 브루흐가 영국의 리버풀 교향악단 객원 지휘자로 초청을 받았을 때 영국에 머무는 동안 스코틀랜드 지방을 여행하면서 쓴 까닭에 우울한 기후와 황량한 해안의 바람과 파도 등이 주는 이미지가 인상적으로 표현되어 있어서 음악의 풍경 화가라 일컫는 멘델스존의 비슷한 분위기의 스코틀랜드 교향곡과 함께 우리나라에서도 자주 연주된다.

끊임없이 고동치는 슬픔
-Dussek: Piano Sonata in f-sharp minor Op.61

1806년 두세크는 같은 해 8월 10일 나폴레옹 군과의 전투에서 사망한 프러시아의 루이스 페르디난드 왕자를 추모하기 위한 비가로 F샵 단조 피아노 소나타를 쓰고, 이 곡을 라우드니스의 공작인 로보코비치 왕자에게 헌정한다. 두세크는 왕자와 가까이 지내는 행운을 누렸는데 이들의 관계는 로보코비치 왕자가 조국의 땅에서 장렬하게 피를 쏟고 죽을 때까지 계속되었다고 악보에 씌어있다.

두 개의 악장으로 된 이 놀라운 소나타는 도입부를 낮은 옥타브의 저음에서 렌토 파테티코로 시작하는데, 하이든의 십자가 위 그리스도의 마지막 일곱 말씀 주제와 매우 흡사하다. 악보에 PPP가 표시된 도입부는 템포 아지타토, 논 프레스토로 들어가면서 슬픔과 불안에 가득한 메인 주제를 연주하고, 얼핏 바그너를 연상시키는 페시지 콘 마이스토가 숨을 죽이고 이어진다. 19세기에 유행하던 로맨틱한 요소들이 이 악장에 이미 들어있는 것을 알 수 있다. 중간 부분의 G플랫 장조와 함께 F샵 단조의 론도 악장은 처음부터 끝까지 당김음으로 연주하는데, 매우 여리게부터 매우 세게까지 끊임없이 고동치는 두세크의 슬픔은 그의 후원자였던 친구에게 깊은 애도를 노래한다.

그리스의 옛 노래 라 포자
-Ancient Greek Lyre: Lat. Pausa

독특한 그리스 전통 음악을 중국의 루이 푸가 노래하고, 테오도레 코마르치스가 라이어 반주를 맞고, 니코스 바렐라스가 벤더를 맞는다. 라이어는 류트계의 서양식 거문고로 그리스와 지중해 지방에서 사용되었다. 벤더는 얇고 넓은 북처럼 생긴 타악기로 북아프리카, 아랍, 터키 등지에 사용된다.

노래를 맡은 루이 푸는 중국의 가수이며 싱어송라이터로, 중국의 고전음악에 대한 즉흥적이고 인상적인 해석에 의한 문학적 명상과 샤머니즘 음악을 모던하게 표현하는 공연을 해왔다.
중국의 관영 TV인 CCTV와 베이징 TV에 다수 출연하였으며, 2022년에는 영국으로부터 음악과 운동 및 연주 프로젝트에 수여되는 국제협력 보조금을 받기도 했다.

그녀가 부르는 Lat. Pausa는 의사소통과 사고에 필요한 모든 형태의 소리로서 예술과 철학, 문학, 인간관계, 사랑, 시간 그리고 삶 자체가 죄악이 되는 순간이 오면 내적인 대화도 멈추고 모든 생명체가 하나가 되는 우주로 이어진다는 내용이다.

개를 위한 엘레지와 베토벤의 이야기들
-Beethoven: Song for Voice and Piano, WoO 110 Elegie Auf Den Tod Eines Pudels

□ Elegie auf den Tod eines Pudels(죽은 개를 위한 엘레지) : 베토벤 이야기에서 첫 번째 미스터리는 그의 생일에 관한 것이다. 그의 생일에 관한 기록을 보면 1770년 12월 27일 본에서 세례를 받았다는 내용만 확인할 수 있다. 어린 시절 베토벤은 피아노와 오르간, 바이올린을 배우고 7살에 콘서트에서 첫 연주를 했다. 12살 때 이미 작곡을 시작했는데 그때 쓴 곡의 이름이 재미있다. 하나는 〈갓난아이를 위한 노래〉이고 뒤에 쓴 것은 〈죽은 푸들을 위한 애가〉였다. 그런데 그 행운의 개에 대해선 알려진 것이 없다. 1792년 베토벤은 비인으로 이사를 해서 1827년 3월 26일 56세에 간 관련 질병으로 세상을 뜰 때까지 그곳에 살았다.

□ **베토벤의 미스터리한 사랑 이야기**: 베토벤은 결혼한 적이 없다. 그는 독일의 오페라 가수 엘리자베스 로켈을 위해 그의 유명한 피아노곡 〈엘리제를 위하여〉를 작곡한 일이 있다. 베토벤이 그녀에게 청혼까지 했던 것으로 알려져 있다. 그녀의 초상화 밑에 '엘리제를 위하여'란 글귀를 써놓은 것을 보더라도 베토벤이 그녀를 열렬히 흠모했던 것을 알 수 있다. 그의 친구 게르하르트 웨겔

러의 기록에 의하면, 비인에서 베토벤은 늘 여자관계가 끊이지 않았다고 한다. 베토벤의 편지들 가운데 이름이 알려지지 않은 여인에게 쓴 편지들이 있는데 '불멸의 연인'으로 알려진 그 여인에게 보내는 편지다. 그 여인이 누구인지는 정확히 아는 사람이 없다. 그러나 최근의 그에 관한 전기들을 근거로 그 여인이 유명한 브렌타노 집안과 결혼을 한 '안토니 브렌타노'라는 주장이 지배적이다.

□ **주변 정리를 잘 하지 않고 지저분했지만 엄격했던 베토벤:** 그의 주전자엔 늘 뭔가 들어있는 상태로 피아노 아래 놓여있었으며 남은 음식들이 그의 작품 원고들 사이에 흩어져 있었다. 뭉툭하고 곰보 자국 같은 것들이 있는 것이 전형적인 베토벤의 얼굴이었다. 어려선 상냥했던 작곡가가 자라면서 불평불만이 많은 괴팍한 사람으로 변해갔던 것이다. 하일리켄슈타트 유서로 알려진 그의 편지에서 베토벤은 그의 이런 성격이 점점 들리지 않는 귀 때문이라고 밝히고 있다. 베토벤이 그의 동생이 죽은 후 조카 칼의 양육을 맡게 되었을 때 얼마나 조카에게 엄격했던지 어린 칼이 삼촌에게서 벗어나기 위해 자살을 시도할 정도였다.

□ **베토벤은 음악의 혁명가였다:** 비인의 고전주의 음악은 베토벤에 와서 끝을 맺는다. 대걸레의 그것을 연상시키는 베토벤의 헝클어진 머리는 음악의 혁명가로서, 낭만주의 개척자로서의 모습이

다. 그가 교향곡 9번에 합창을 넣은 것은 이전엔 볼 수 없었던 일이다. 베토벤은 극적인 곡의 전개자로 알려져 있다. 그는 긴 주제보단 이해하기 쉬운 짤막한 동기를 사용하길 좋아했는데 그의 교향곡 5번에서 잘 알 수 있다. 베토벤은 교향곡과 협주곡, 현악곡들 그리고 한 곡의 오페라를 포함 240여 곡을 작곡했다.

□ **베토벤에겐 꿈이 있었다**: 베토벤은 완벽주의자였다. 그는 현재를 위해 곡을 쓴 것이 아니라 미래를 위한 작품을 썼다. 그는 밤이 새도록 악보를 다시 쓰고 고치기를 일삼았다. 그는 목표를 이루었다. 베토벤의 곡은 현재 세계적으로 가장 많이 연주되고 있다. 살아생전 그는 곡을 써서 밥을 먹기에 충분했다. 또한 유명인들로부터 후원도 많이 받았다.

□ **쓰레기통에 버려질 뻔했던 베토벤의 유일한 오페라**: 피터 프리헤르 폰 브라운은 베토벤에게 피델리오 오페라를 써달라고 의뢰한다. 1805년 초연에서 비평가들로부터 악평을 받은 베토벤은 개작하고, 다시 고쳐서 3번째 4번째 버전을 낸다. 오페라의 줄거리는 프랑스 혁명 당시 있었던 한 여인의 영웅담을 소재로 하고 있는데, 그녀는 남장으로 변복하고 자코빈 감옥으로부터 남편을 탈옥시키는 이야기다. 피델리오에 나오는 한 아리아는 도이치 웰 라디오 프로그램에서 수십 년간 인터벌 시그널 음악으로 사용되었다.

☐ **그는 나폴레옹에게 영감을 받기도 분개하기도 했다:** 베토벤은 음악에만 관심이 있는 것이 아니었다. 그는 철학과 문학과 정치에도 관심이 많았다. 그의 초기 음악은 영웅담을 많이 다루었는데, 나폴레옹을 존경하여 자신의 3번째 교향곡 영웅을 나폴레옹에게 헌정했다. 하지만 나폴레옹이 황제의 자리에 오르자 베토벤은 분개하여 악보에서 나폴레옹의 이름을 삭제하였다.

☐ **다다다 단-베토벤은 최소한의 음으로 더 많은 것을 타나냈다:** 1808년 그의 5번째 교향곡이 발표되었을 때 사람들은 깜짝 놀랐다. 첫 악장의 모티브는 단 3음으로 이루어져 있다. 그가 발표한 교향곡의 숫자도 모차르트의 41곡에 비해 훨씬 적은 9곡이었다. 그의 심각한 표정과 약간 찡그린 듯 보이는 얼굴과 사자머리는 사람들에게 다른 어떤 음악가들보다 더 강한 인상을 심어 주었는데 오늘날의 관점으로 봐도 그는 혁명적이고 전투적이며 난해한 예술가의 표본이 되고 있는 것이다.

모든 유명 오케스트라가 자신들의 연주 레파토리로 보통 9개의 교향곡을 가지고 있는 것은 베토벤 때문인데, 그의 9개의 교향곡들은 이해하기도 쉽고 굉장한 사운드를 가지고 있어서 유명 관현악단들이 베토벤의 교향곡을 즐겨 연주했고, 이는 다음 작곡가들에게도 영향을 미쳐 말러와 부르크너 같은 작곡가들이 9개의 교향곡을 남겼다.

□ **베토벤은 CD의 발전에도 영향을 미쳤다:** 베토벤 9번 교향곡 마지막 악장은 프리드리히 쉴러의 시 '환희의 송가'를 음악으로 만든 것으로서 가장 유명한 악장으로 알려졌다. 베토벤이 이 곡을 쓰기 시작했을 땐 이미 그는 귀가 전혀 들리지 않았다. 그는 1824년 5월 7일 자신의 교향곡이 초연될 때 열광적인 환호와 박수 소리를 듣지 못했다. 이 교향곡은 오늘날까지도 가장 유명한 곡으로 알려졌다. 1985년 이래 여러 악기의 버전으로 편곡된 환희의 송가는 유럽 연합 축제의 음악이 되었다. 1982년 CD 한 장의 공식적인 연주 시간이 80분으로 결정된 것은 베토벤의 9교향곡의 길이가 70분인 것에서 영향을 받은 것이라고 한다. 이렇게 음향 제작자들이 유명 지휘자들에게 설문 조사를 했을 때 지휘자 카라얀이 CD 한 장에 베토벤의 9번째 교향곡을 담을 수 있어야 한다고 말했다고 한다.

□ **쥐벼룩이 베토벤의 귀를 멀게 했을지도 모른다:** 베토벤은 20대 후반부터 귀가 멀기 시작했다. 그는 48세 땐 전혀 들을 수 없었으나 심한 이명을 앓고 있었다. 최근의 연구에 의하면 그의 귓병은 쥐의 벼룩이 옮긴 티푸스균 때문에 생겼을 수도 있다고 한다. 그럼에도 불구하고 베토벤은 작곡을 계속한다. 베토벤은 귀만 들리지 않는 것이 아니었다. 그는 만성적인 두통을 앓았다. 베토벤은 절대 음감의 소유자여서, 악기가 내는 소리를 듣지 않고서도 소리

와 화음을 마음속에서 그려낼 수 있었다. 당시 그의 귓병을 치료하는 방법은 고통스러운 것이었을 뿐만 아니라 염증을 생기게 하여 더욱 베토벤의 귓병을 악화시켰을 거란 것이 오늘날 밝혀지게 되었다. 이렇게 그는 외로워지고 괴팍한 성격으로 변해갔다. 그의 전기만 읽고 우리가 생각하는 것은 베토벤에게 공평하지 않은 것인지도 모른다.

브라운

마지막 눈을 감을 때 듣고 싶은 음악
-리하르트 슈트라우스: Beim Schlafengehn(잠자리에 들 때)

나의 생이 저문 뒤
내 영혼이 날아갈
밤의 색깔을
저 노을로 가늠해본다

늙은 해의 빈방이
깜짝
붉은 노을로 채워지는 저녁이
모질게 느껴지는 낯설음도
병이어서, 나는
요원한 봄의,
그 쓸쓸함의 좌표를
내 생의 지도 위에 그려 넣는다.

-시 『노을』 전문

티베트인들은 사람이 죽으면 바람이 된다고 믿는다. 그들의 말이나 노래를 들으면 반은 사람의 소리이고 절반은 바람의 소리로 들리는 것이어서 황량한 산과 깊은 계곡의 척박함에 대한 이해와 그

위에 살아가는 목숨 있는 것들을 향한 약간의 연민을 갖고 있으면 누구나 알아들을 수 있다.

저녁노을은 죽은 사람이 저승에서 이승으로 쓴 편지다. 검은 지평선 혹은 수평선 아래 암흑의 방에서 스러져 가는 햇빛을 펜 끝에 묻혀 못다 한 이야기를 써 보내는지도 모른다. 부치지 못한 이야기들은 바람이 되어 우리의 귓가에 머문다.

음악을 좋아하는 사람들이 마지막 눈을 감을 때 듣고 싶은 곡으로 잘 알려진 곡이 있다. 리하르트 슈트라우스의 『잠자리에 들 때』란 노래로 헤르만 헤세의 시에 리하르트 슈트라우스가 곡을 붙인 것이다.

Nun der Tag mich müd' gemacht,
이제 날은 저물어 잠자리에 들 시간,

Soll mein sehnliches Verlangen
나의 힘든 소망은 받아들이겠지

Freundlich die gestirnte Nacht
융숭하게 별이 빛나는 밤을

Wie ein müdes Kind empfangen.
지친 아이처럼.

Hände lasst von allem Tun,
고된 일을 마치고 쉬는 두 손과

Stirn vergiss du alles Denken,
모든 생각을 멈춘 이마와

Alle meine Sinne nun
나의 모든 감각은

Wollen sich in Schlummer senken.
이제 편안한 잠속으로 빠지려 하네.

Und die Seele unbewacht,
아무도 보는 이 없는 영혼은

Will in freien Flügen schweben,
자유롭게 날개를 펴고

Um im Zauberkreis der Nacht
깊이깊이 내려가 천 번을 살려 하네.

Tief und tausendfach zu leben.
마법의 밤의 소용돌이 속에서.

『슬프지만 위대한 것은 예술가의 숙명이다.』

-프란츠 리스트

늙은 밤나무
-J.S. 바흐: 모음곡 a단조 BWV997, 1 프렐류드

난 이 시대의 어디에도 견고하게 뿌리내리지
못한 늙은 밤나무다.
한때 매서운 가시로 나의 알밤을 세상으로부터
보호할 줄도 알았다.
스산한 거리에 찬바람이 분다.
바람이 귓가에 속삭인다.
이 땅에서 떨어지지 않으려는 나의 존재를
확인시켜준 것은 성난 바람이었다고.
그 폭풍 속에서도 비밀처럼 신비의 꽃은 피어
한 가엾은 영혼이 찾아와 나무 아래 잠들었으니
머리맡 근엄한 그늘은 비워 두어라고,
그늘이 내 황량한 꿈으로 채워질 때까지
나무 아래서 아무것도 추억하지 말라고 속삭인다.

오늘은 참 바쁜 날, 마음도 그렇고 몸도 그렇다. 코로나 백신 부작용인지, 음식에 의한 것인지, 일주일 전부터 몸의 연약한 부분에만 발진이 난다. 몹시 가렵고 쓰리다. 동네 피부과에서 준 약을 발

라도 차도가 없어 오늘은 내복약까지 처방해준다.

그리고 읍사무소와 우체국에도 갔다. 아내를 앞세우고 갔다. 아내와 함께 가지 않으면 내가 할 수 있는 일이 없다. 은행 일도, 관청 일도, 병원에 다녀오는 것도 아무것도 할 수 없다. 나보다 밥을 3천 그릇 덜 먹은 가냘픈 여인인데도 매사에 서툰 나보다 훨씬 똑똑하다.

요한 세바스찬 바흐의 모음곡 a단조 BWV997을 듣는다.
바흐가 의도했던, 의도하지 않았던 기교가 현란한 작품이다.
나의 삶이 한 번이라도 비르투오소 적인 때가 있었던가.
독일풍으로 시작해 프랑스풍으로 끝맺는 곡에서도 나는
코스모폴리탄의 이방인이 되어
하찮은 먼지투성이의 그루브를 돌고 돌 뿐이다.
아내가 커피 한 잔을 살며시 내려놓는다.
하얀 컵 안을 물끄러미 들여다본다.
저 달콤한 미각 속으로 사라진 나의 지난날들과, 기억과,
감정과, 경험과 웃음들이 보인다.
그 속에 어느 하나라도 붙잡고 물어보면
들리는 수많은 사연들을 말없이 호르르, 호르르 들어보리라

브람스의 눈물
-브람스: 현악 6중주 1번 제2악장

햇빛 흐르는 나뭇잎에서 나뭇잎까지
서러운 핏줄은 통하여
단풍나무들이 온통 붉은색이다.
창문 앞 팥배나무는 금방이라도
붉은 울음을 떨어뜨릴 듯
가지를 낮게 드리운다.
이런 날이면 듣는 곡이 있다.
브람스 현악 6중주 1번 제2악장이다.

허스키한 비올라가 주제와 변주를 통해 우울하게 행진하는 헝가리풍의 슬픔을 연주하면서 단조로 어둡게 시작한다.
첫 변주는 두 대의 첼로가 밀물이 들어오듯 저음을 연주하며 페이스를 끌어올리고 슈베르트를 연상시키는 것 같은 드라마적 긴장감을 점점 고조시킨다.
네 번째 변주가 찬송가처럼 따뜻하게 부풀어 오르고 다섯 번째 변주에선 리드미컬한 비올라 솔로와 천상의 바이올린 소리가 공중에 떠서 들려오는 것 같다.
마지막 변주는 일종의 압축된 코다로서 도입부의 슬픔을 생생하게 환기시키는 것이 마치 슈베르트의 묘한 색채감 속에서 가느다란 희망을 두드리는 것 같은 느낌을 갖게 한다.

현악 6중주는 브람스로부터 시작하여 드보르자크, 차이코프스키, 쇤베르크와 슈트라우스 등의 곡들이 있다.
브람스 이전에 보케리니나 독일의 슈포어 같은 일부 작곡가들이 비슷한 곡을 썼지만 현악 6중주가 빛을 보게 된 것은 브람스의 이 곡이 처음이었다.
6중주의 특징은 3조의 현악기들을 위한 곡으로 두 대의 바이올린, 두 대의 비올라 그리고 두 대의 첼로가 사용되는데 현악 4중주에 비올라와 첼로를 한 대씩 추가한 것이다.
저현 악기들을 보강함으로써 앙상블의 깊고 풍부한 선율은 새로운 대위법적 라인 상에서 전체적인 탄탄한 음의 조화를 추구한다.

젊은 브람스는 현악 4중주곡들을 썼지만 맘에 들지 않아 모두 파기하고 새로운 현악 6중주에 도전하여 베토벤의 현악 4중주에서 받는 압박감에서 벗어나려 했던 것 같다.
그 후 브람스는 10년에 걸친 각고 끝에 쓴 현악 4중주가 나온 지 4년 후에야 두 번째 현악 6중주를 작곡했다.
두 곡 모두 젊은 시절 작품들이지만 브람스의 걸작으로 꼽히며 그의 따뜻하고 겸손한 세레나데풍을 느낄 수 있다.

『내가 모욕한 적이 없는 사람이 있다면 난 그에게 용서를 빌겠다.』

-요하네스 브람스

사랑은 어두운 등불처럼
-Aron Avshalomoff: piano concerto in G major

공원에 야간 산책을 하는 연인들이 각각
한 가지씩 벚나무 아래 어두워진 표정을
가슴에 중국 등불처럼 달고 간다.
처음 꽃을 피우던 기억을
받치고 서 있는 뿌리 튼튼한 나무 아래
환해지지 않는 것 없는데
멀리 검은 산등성이 사이
아파트의 불빛들이 그걸 보여주는데
그들의 어둑한 이마를 따라온 그믐달은
어딘가에 두고 왔을
제 둥글고 서늘한 기억을
누구의 서글픔과 견주어보겠다는 것인가.

저녁 바람에 흔들리는 붉은 등이 떠오르는 이 곡은 음반에 따라 어떤 음반에선 느린 악장이 한 번만 연주되나 다른 음반에선 특별히 중국의 악기들로 두 번 반복되기도 한다.
곡의 제목은 피아노협주곡이지만 느린 악장의 야상곡 같은 주선율은 고대 중국의 멜로디에서 가져온 것이다.
통상의 서양 음악에서 흔히 볼 수 있는 낭만적이고 초 기교적인 마지막 악장은 알레그로의 커다란 소나타 형식으로 이루어져 있는데 우아한 카덴차와 싱싱한 론도가 들어있다.

유대인으로 시베리아에서 태어난 아론 아브살로모프는 소년기를 보낸 도시의 중국인들 음악과 연극에 매료되었다.
그는 미국에 자리를 잡을 생각이었지만 1917년 초부터 그의 20대 중반기를 4년 반 중국에 머무는 동안 중국의 음악에 빠진 이후 30년간이나 인생의 중요한 시기를 중국에서 보내던 중 1947년 중국에 내전이 일어나고 중국 공산당이 승리하자 아론은 자유를 찾아 미국으로 떠난다.

독학으로 작곡 공부를 한 아브살로모프는 중국에 머무는 동안 책과 관련된 일로 생계를 이어갔다. 처음엔 북경에서, 다음엔 텐진 그리고 마지막 정착지 상하이에서 15년간 상하이 시립도서관 주임 사서로 일했다.
그의 작품들 중에는 중국풍의 여러 발레곡들을 포함, 두 개의 오페라, 바이올린 협주곡 하나, 플루트 협주곡 하나, 여러 가곡들 그리고 4개의 교향곡이 있는데, 교향곡 3개만이 후에 미국에서 작곡된 것들이다.

1935년 여름 피아노협주곡 G장조가 작곡된 중국 항저우는, 중국인들이 지상의 천국으로 항저우와 수저우를 꼽듯 아름다운 명승지였다.

농가에 살면서 아브살로모프는 작은 풍금을 이용해 6주일 동안 주 선율을 작곡했고 상하이에서 관현악 파트를 완성시켰다.

그레고리 싱거에게 헌정된 이 협주곡은 상하이에서 성공적인 초연이 이루어진다.

『모든 것을 다 이룬 사람의 업적은 별 볼 일 없는 것일지도 모른다.』

-헤르바르트 폰 카라얀

오래된 무성영화를 보고 나와
-베토벤: 바가텔 B단조 Op.126, No.4

오래된 무성영화를 보며 문득

내가 어디서 흘러온

빛이란 생각이 들 때

발가벗고 어둠 속에 서 있으면

수백 광년이 흐른 후

하늘 밖 누군가

나를 아름답다 하지 않겠나

돌돌돌 필름 감기는 소리

내가 처음 있었던 곳으로

나를 데려가는 소리

멀어져 갈 때

내 고단한 여정 안으로

어느 별이 들어와

발 부르트도록 글썽여주지 않겠나

-시 『떠도는 빛』 전문

오프닝 주제는 베토벤이 자신의 들리지 않는 귀청을 낮고 무겁게 두드리는 신의 노크 소리를 불만에 가득 찬 표정으로 눈으로 듣는 듯 악보를 유심히 바라보는 것 같은 이미지를 떠올리게 한다. 작품 126 각각의 곡들, 특히 4번은 베토벤의 고상한 자신감과 함께 실험적인 면을 담고 있다. 그는 귀는 멀었지만 멋진 음악의 세계에 살고 있었던 것이다. 어둠 속에서 흑백영화의 필름 돌아가는 소리 같은 베토벤의 피아노곡은 4분이 채 되지 못하지만 베토벤의 탁월함을 단적으로 보여주는 작품이다. 이건 완벽한 바가텔이다. 음악적 요소들이 이 작은 곡 안에 모두 들어있다. 이 작품이 길지는 않더라도 주어진 짧은 시간 안에 베토벤은 그의 모든 음악을 표현한다.

B단조 바가텔은 처음엔 엄격하고 힘찬 힘이 느껴지는 낮은 음조로 투덜거리듯 왼손이 연주를 시작하는 것이 베토벤이 어떤 기분 상태에서 이 곡을 섰는지를 알게 해준다. 처음엔 반복되는 음들이 G장조로 끝을 맺고 베토벤 특유의 낮은 음역으로 돌아가서는 갑자기 음역이 오르락내리락하며 피아니스트는 건반 위를 난폭하게 질주한다. 햄머클라이버 소나타와 다른 후기 피아노 작품들에서 보듯 베토벤은 피아니스트의 모든 힘을 건반 위에 쏟아붓게 한다. 반복되는 제2구간은 그의 광적인 천재성을 드러내는데, 오른손이 소용돌이치는 불협화음의 음형을 일으키며 나타난다. 여기서 당김음처럼 들리지만 재미있는 것은 F샵 옥타브의 베이스 아래서 음이 노는 것 같은 느낌이 들게 하는 것이다.

이렇게 조금 더 진행을 하다가 모든 음들은 베토벤 특유의 매 음표마다 찌르는 듯 맹렬해진다. 이어지는 구간에선 다른 세계로 걸어 들어가는 느낌을 갖게 한다. 그리곤 갑자기 격렬함이 부드럽게 바뀌면서 하늘에서 새벽이 천천히 내려오는 것 같은 작은 규모의 악장 B장조의 약음기가 작동되는 음이 들린다. 정적인 하모니가 주는 넓은 공간감이 개방 상태에서의 폐소공포증을 느끼게 하는 것이다. 이 구간에서 베토벤은 조금은 평화를 찾는 것처럼 보인다. 폭풍이 몰아치는 구간의 몇 개의 마디들이 끝난 다음에 정적인 부분을 끼워 넣고 B장조로 돌아가 곡은 여기서 끝을 맺는다.

베토벤의 후기 작품들은 여전히 신선함을 유지하고 있다. 피아노 소나타 Op.111번이나 교향곡 9번 같은 곡들은 드라마틱하고 밀도감이 충만하며 내부의 깊은 성찰로부터 폭발해 나오는, 혼돈과 자신감에 가득 찬 이전의 기조를 계속 견지한다. 후기의 피아노 소나타들과 중기의 현악 4중주들을 들어보면 이 같은 사실을 다시 알 수 있다. 이런 스케일이 큰 후기의 작품들에 가려 빛을 보지 못하고 있던 6개의 바가텔 Op.126은 가벼운 형식의 곡이지만 베토벤의 숙련된 손을 통해 매력적인 음악 작품으로 재탄생한 것이다. Op.33과 Op.119 일련의 작품들도 자세히 들어볼 필요가 있으나 Op.126은 베토벤의 후기 스타일을 가장 빛나게 하는 곡들임에 틀림없다.

정의와 분노가 부딪치는 소리
-Darius Milhaud: Concerto for 2 Pianos Op.228

죽음이 들끓는 소리

절명하라 절명하라 절명하라

이를 갈다 이를 갈다

가슴도 부글부글 소리를 내고

분노도 피딱지도 약에 녹아

하나가 되고…

-박정만 시 『瘀血을 재우며』 부분

시인 박정만이 몸의 어혈을 풀기 위해 아내가 사 온 한약을 달이며 약이 끓는 소리를 듣고 청각과 상상의 공감각적 이미지 기법으로 쓴 슬픈 시다.

1981년 중앙일보에 연재되던 소설가 한수산의 『욕망의 거리』 필화사건 연루자로 아무런 이유 없이 지목받은 박정만을 보안사가 온몸을 너덜너덜 뒤져 소설의 배후를 찾았으나 전신 문신 같은 상처만 깊이 새겨놓고 내보냈다.

어혈 덩어리 몸뚱이를 질질 끌고 집에 온 박정만은 한약 몇 재를 구역질하듯 벌컥벌컥 마셔댔지만 검푸른 핏물은 정신까지 스며들어갔다. 그 후 그는 7년 동안 1천 개의 소주병으로 어혈을 쳐 죽이고, 마지막 스무날 동안은 절규 같은 300편 시와 42년의 생을 바쳤다. 46년 정읍 출신인 박정만은 전주고를 거쳐 경희대 재학 중 서울신문 신춘문예에 등단한 시인으로 시는 물론 산문과 동화까지, 서정주 이래 우리나라 문단의 신 지평을 열 천재란 말을 들었다. 그러나 시의 접신의 경지에 이른 그도, 축구 선수로 다져진 단단한 육체의 그도 공권력의 폭력 앞에선 한낱 먼지가 되어 광활한 우주 속으로 사라져갔다.

20세기 초반 프랑스 작곡가 다리우스 미요는 드뷔시의 인상주의에 반기를 들고 신고전주의를 주창한 작곡가로 프랑스의 6인조 중 한 사람이다. 이 악장을 돋보이게 하는 것은 놀랍도록 복잡한 대위법으로 이루어진 매우 까다로운 도입부의 악장이다.
두 개의 작은 악장으로 나누어진 한 악장은 두 대의 피아노에 의한 인상적인 비르투오소 카덴차로 되어있고, 나머지 악장은 첫 악장에서 맡은 선율을 피아노가 서로 바꾸어 연주한다. 박정만의 한약이 천천히 그리고 부글부글 끓는 소리, 정의와 분노가 부딪치는 소리다. 다시 오케스트라가 악장 메인 테마를 연주하며 감동적인 코다가 나타나는 동안 두 대의 피아노는 반주 형식으로 받쳐주고 반음계적 패시지들과 첫 주제를 연상케 하는 유려한 선율로 이 악장을 끝맺는다.

『벽이 길을 가로막지 않는데 나는 머리로 벽을 들이받고 있다.』

-구스타프 말러

사랑과 용서
-쇤베르크: 현악 6중주 정화된 밤

두 사람이 겨울 숲을 걷고 있었다.

달이 그들을 계속 따라오고 그들은 달을 쳐다본다.

달은 키 큰 참나무 꼭대기를 넘어간다.

하늘엔 구름 한 점 없이 달빛이 투명하다.

달빛 뒤로 뾰족뾰족한 나무들의 끝이 솟아 있다.

여자의 말소리가 들린다.

나는 아이를 가졌어.

그런데 당신 아이가 아니야.

나는 죄를 짓고 당신과 함께 이 길을 걷고 있는 거야.

네 자신을 죽도록 증오해왔어.

행복은 사라졌어.

그래도 아직 나는 슬픈 소망을 하나 가지고 있어.

행복한 인생과 어머니가 된다는 기쁨 말이야.

일 때문이었지, 하지만 죄는 죄야.

나는 그렇게 굴복하고 전율하며 몸을 허락했어.

낯선 사람의 품 안에서 말이야.

심지어 내가 축복받았다고도 생각했어.

이제 인생이 그 복수를 하는 거야.

그리고 나는 당신을 만났어, 당신을.
그녀는 비틀거리며 걸어간다.
그녀가 하늘을 쳐다보고 달빛이 얼굴을 비춘다.
그녀의 어두운 눈빛이 달빛에 잠긴다.
남자가 말한다.
당신이 임신한 아이를
당신 영혼의 짐으로 내버려 두지 마.
저 봐, 우주가 얼마나 밝게 빛나는지를.
우리 주위의 모든 것들에게 영광이 내리고 있어.
당신은 나와 함께 차가운 바다를 항해하는 거야.
하지만 마음속에선 따스함의 불꽃이 타고 있어,
당신에게서 나에게로 내게서 당신에게로.
그 따스함은 그 낯선 사람의 아이를 변화시킬 거야.
그러니 그 아일 내게 맡겨, 내가 아빠가 되어 줄게.
당신은 나를 영광으로 바꿔 놓았고 내 아이를 가진 거야.
그는 한쪽 팔을 그녀의 튼실한 엉덩이에 올렸다.
그들의 호흡이 공기 속에서 서로 감쌌다.
두 사람은 환한 밤길을 걸어간다.

— 리하르트 데멜 시 『정화된 밤』

1899년 25세의 쇤베르크는 시인 리하르트 데멜의 시 『정화된 밤』을 읽고 영감을 받아 같은 이름으로 현악 6중주를 작곡한다. 그에게 영향을 준 작곡가는 음악적 성격이 극과 극에 있었던 브람스와 바그너였다. 이 두 작곡가가 쇤베르크에 끼친 영향은 그의 초기 작품인 이 곡에 잘 나타나 있다.

당시 센세이션을 불러왔던 텍스트를 새로운 대위법적 감각으로 작곡한 이 작품은 쇤베르크의 대표적인 작품으로 그가 아직 후기 낭만파의 분위기 안에 머물고 있을 때 작곡되었다. 이 곡은 5단계로 구분돼 있는데, 달밤에 냉기가 감도는 숲속을 걷는 두 연인의 무거운 기분의 묘사와, 여자의 고백과 후회를 듣고 남자가 여자를 이해하고 포용하는 묘사가 밝아지는 달빛의 공감각적인 묘사와 절묘하게 맞아떨어지는 곡이다. 이 곡은 그가 무조음악을 나타내기 전에 작곡되었으므로 D단조의 반음계적 기법을 쓰고 있다.

가슴 깊은 곳의 동경
-Brhams: Gestillte Sehnsucht for Alto, Viola and piano, 91-1

독일 가곡 하면 슈베르트를 떠올린다. 그리고 슈만을 생각한다.
브람스는 관현악 실내악을 떠올리게 한다.
그러나 브람스도 200곡이 넘는 가곡을 썼다.
슈베르트와는 달리 그의 엄격한 기교와 질서 위에 구축된 미학적 감정이 곡의 이면에 깊이 깔려 있다.
그의 알토를 위한 2개의 노래 중 하나는 프리드리히 뤼게르트의 시에 브람스가 곡을 붙인 것으로 특이하게 피아노와 비올라가 반주를 한다.

In goldnen Abendschein getauchet,
황금빛 저녁 노을에 물들어

Wie feierlich die Wälder stehn!
우아하게 서 있는 숲이여!

In leise Stimmen der Vöglein hauchet
새들의 부드러운 노래 속으로

Des Abendwindes leises Wehn.
숨결 같은 저녁바람은 부네

Was lispeln die Winde, die Vögelein?
바람과 새들은 무엇을 속삭이는가?

Sie lispeln die Welt in Schlummer ein.
그들의 속삭임으로 세상은 잠드네

Ihr Wünsche, die ihr stets euch reget
너, 언제나 요동치는 욕망이여

Im Herzen sonder Rast und Ruh'!
내 마음속에서 멈추지도 머물지도 않네!

Du Sehnen, das die Brust beweget,
너 내 마음을 두드리는 애원이여

Wann ruhest du, wann schlummerst du?
너는 언제 쉬고, 언제 잠들려 하는가?

Beim Lispeln der Winde, der Vögelein,
바람과 새들이 속삭일 때

Ihr sehnenden Wünsche, wann schlaft ihr ein?
너 간절한 욕망이여, 그때 너도 잠들 것인가?

Ach, wenn nicht mehr in goldne Fernen
아, 저 멀리 황금빛 노을은 지고

Mein Geist auf Traumgefieder eilt,
내 영혼은 꿈의 날개를 펴지 못하네,

Nicht mehr an ewig fernen Sternen
더 이상 저 머나먼 별들에서

Mit sehnendem Blick mein Auge weilt;
내 두 눈은 동경의 눈빛과 살지 못하네;

Dann lispeln die Winde, die Vögelein
그러면 바람과 새들이 속삭여서

Mit meinem Sehnen mein Leben ein.
나의 욕망과 삶을 잠재우리.

『장인 정신이 없는 열정은 바람에 흔들리는 갈대일 뿐이다.』

-요하네스 브람스

기계와의 전쟁의 으스스한 분위기
-칼 닐센: 교향곡 5번 op50 1악장 Tempo giusto

사람들은 말을 잃고 복제품이 되어간다
진짜가 가짜를 복제하고
가짜가 진짜를,
가짜가 가짜를 복제하는 대로
사람의 양심과 기계의 양심 사이에서
인류는 진화한다.
도시의 빌딩들은 스코틀랜드의 기병처럼
소리 없이 다가오고
하늘에 먼저 간
순례자들이 터벅터벅 데이터를 따라간다

  - 시 『기계인간』 부분

닐센의 교향곡 5번의 첫 번째 악장은 두 개의 섹션으로 나뉘어 있는데, 곡은 Tempo giusto 템포 쥬스토로 속도를 맞춰 비올라가 일정하게 반복되는 부분을 웅얼거리듯 시작하여 이 부분은 백여 마디까지 계속된다.
불분명하게 맴돌던 주제가 두 대의 바순과 혼 파트 그리고 클라리넷과 플루트들에 의해 모습을 드러낸다. 이어 비슷한 두 번째 주제를 보다 유려한 흐름으로 현 파트가 서늘하고 평화로우며 뭔가 예언하듯 연주한다. 현 파트의 스타카토가 긴장감 속에 되풀이되면서 이 악장의 주요 특징인 드럼을 위한 잇단음표가 104번째 마디에 등장하여 드럼이 유혹하듯 셋 잇단음을 연주한다.

드럼은 계속해서 으스스한 리듬을 되풀이하고 이따금 심벌즈와 트라이앵글, 탬버린과 팀파니가 위압적인 분위기를 더욱 고조시킨다. 후에 쇼스타코비치가 이런 기법을 따르지만 닐센의 모노톤 같은 느낌은 살리지 못했다.

끝까지 전쟁의 음산한 분위기를 연상시키는 나머지 부분은 드럼이 철권으로 다른 악기들을 유혹하거나 공포에 떨게 한다. 수차례이 긴장감과 완화감은 되풀이되지만 결국엔 더욱더 격렬해져 잃어버린 영혼들의 웅성거리는 소리로 이 섹션을 끝맺는다.

닐센은 1865년 덴마크의 퓐 섬에서 태어났다. 계절마다 변하는 섬의 풍경과 그곳 주민의 단순한 삶은 닐센에게 음악적으로 깊은 영향을 미쳐 어린 시절의 자전적인 곡을 여럿 쓰게 한다. 닐센의 아버지는 하우스 페인트공이었는데 부업으로 지방의 페스티벌에서 바이올린을 연주하기도 했다. 닐센은 양들을 보살피고 벽돌을 굽는 일을 돕기도 했지만 그의 부모는 닐센의 음악적 재능을 알아보고 음악교육을 시킨다. 고향의 학교 선생님에게 바이올린과 트럼펫을 배우고 그곳 지방 악단에서 연주를 하다 조금 후에는 오덴세에 있는 악단으로 옮기면서 본격적인 음악가의 길을 갔다.

외로운 물
-Ernest John Moeran: Lonly Water

그래 난 흘러갈 거야 외로운 바다로,
아무도 나를 찾지 못하는 곳으로 흘러갈 거야
작은 예쁜 새가 여러 가지 노래들을 바꿔 부르는 곳
그때마다 바람이 사납게 불어오는 그곳으로 갈 거야

어네스트 존 모어란의 외로운 물은 오케스트라를 위한 두 개의 버전으로 만들어져 1935년 공식 발표되었지만 이 곡은 1931년 완성된 곡으로 1년 뒤 1932년 퀸스 홀에서 초연을 가진 바가 있다. 랄프 본 윌리암스에게 헌정된 외로운 물은 전형적인 모어란 스타일을 보여주는 곡으로 마지막 부분에 오케스트라의 반주에 맞춰 한 사람의 대중가수가 노래를 한다.

첫 버전이 출판될 때 위와 같은 멜랑콜리한 분위기를 풍기는 가사가 함께 나왔다.

모어란이 작곡한 두 번째 버전에는 가수가 노래하는 부분이 없고 오케스트라 반주에 외로운 잉글리시 혼이 멜로디를 노래한다.
오케스트라 풍의 광시곡 형태를 취하고 있는 외로운 물은 전통적인 동부 노포크 송의 변주 형식에 기반을 두고 있는 곡이다.

총주 형태로 잠깐 현악기들이 등장하고 곡은 조용하게 가라앉다가 이내 생기를 되찾지만 모어란의 신중한 힘은 눈에 띄지 않고 풍부한 질감과 따뜻한 분위기가 곡 전체를 지배한다.

메인 주제와 함께 등장하는 향수의 분위기를 현악기들이 이끌어가다가 독주 오보에의 등장과 함께 요동치는 현악기들이 합류하는 관악들에게 색깔을 입힌다.

이렇게 함으로써 모어란은 곡의 두께감을 더하고 관악기들이 포크송 주제의 전개를 계속하게 한다.

처음 몇 분간의 잔잔한 곡의 분위기에 신비감을 주는 힘찬 전개를 추가하는 기법을 전 곡에 쓰고 있는데, 클라이막스로 가면서 정밀하게 받쳐주는 심벌즈의 도움으로 폭발하듯 음악의 정점에 이르게 하는 모어란의 멜로디 기법은 이 곡 외로운 물에서 그 빛을 발휘한다. 마치 주제의 변주가 서로 교차하면서 클라이막스에 이르게 하는 느낌을 갖게 하는 것이다.

음악은 점점 잔잔해지고 솔로 잉그리시혼 또는 보이스가 시의 행들을 노래하며 처음 오픈을 담당했던 현악기들과 솔로 오보에가 다시 등장하여 새로운 전체 동기를 만들어낸다.

소규모 오케스트라를 위한, 어네스트 모어란의 부드럽고 향수를 느끼게 하는 랩소디 외로운 물은 멜로디를 이끌어가고 곡을 구성하는 그의 탁월한 능력 보여준다.
이 곡의 따뜻한 분위기는 누구나 가까이 할 수 있고 정서적으로 끌리게 하는 변주곡 같은 것이어서 그의 작품들 중에서도 괄목할 만한 자리에 있는 곡이라 할 수 있다.

케네디 대통령의 장례식 영결미사
-아르메니아 오르간 미사: Hymn of Vesting

오, 심오하고 그 시작을 알 수 없는
불가사의한 신비로운 주님이시여,
당신은 하늘에 왕국을 설립하시고
범접할 수 없는 빛의 혼인 식장에
전례 없는 영광으로 천사의 합창단을
내려주셨나이다.
형언할 수 없는 놀라운 능력으로
아담을 당신의 독생자로 창조하시고
화려함과 영광을 부여하시어 에덴동산
빛이 내리는 집에 살게 하였나이다.
당신의 성스러움으로 모든 창조물들은
새로워지고, 저희들에게 다시 영생을
주시고 영원불멸의 옷을 입히셨나이다.

오, 하늘의 왕이시여, 당신의 교회를
든든하게 지켜주시고
당신을 따르는 자들을 평화롭게 하소서.

1963년 11월 24일 미국의 젊은 대통령 존 에프 케네디의 영결 미사에 연주된 희귀한 곡의 가사다.
동부유럽 아르메니아의 동방 카톨릭교회 의식 중 예복을 입는 동안 연주되는 전례 찬송이다.

이 곡은 아르메니아의 사제 음악가이며 합창지휘자인 코미타스 바르타벳에 의해 두 가지 형식, 솔로와 합창 버전으로 편곡된 것이 불려 지기도 한다.

나의 친구 모이셀레
-The Yiddish Song: My Friend Moishele

어떻게 된 거야, 나의 친구 모이셀레?
그래 너지, 넌 줄 알겠어.
그새 많은 세월이 흘러갔구나
옛날 우리가 친구로 만난 이후로.

다른 아이들처럼 같은 반 친구가 되어
우린 공부하며 놀고 장난감 놀이를 했지.
선생님은 매를 들고 우리를 가르쳤지
말 잘 듣는 아이가 되라고.

오, 만약 그때 어린 시절이
다시 돌아온다면, 정말 좋을 건데
그 시절 우린 다 같이 똑똑했는데,
지금은 모두가 다 그렇지는 않아!

오, 희망찼던 그 시절은 어디 간 거야
모이셀레, 나의 친구여?
그 무섭던 선생님도 보고 싶어

매로 우리에게 겁주던 선생님

베렐레는 어떻게 지내니?
아워멜레야 너는 잘 있니?
잘멜레는, 그리고 요셀레는?
난 너희들을 잊을 수가 없어!

너흰 나의 꿈속에서 모두 아직 아이들이야
그리고 나도 그래요, 하느님!
인생이 이렇게 짧다니, 믿을 수 없어!
이것이 꿈인 거야 아닌 거야?

오, 만약 그때 어린 시절이
다시 돌아온다면 정말 좋을 건데!
그 시절 우린 다 같이 똑똑했는데,
지금은 모두가 다 그렇지는 않아!

오, 우린 그 행복했던 시절은 볼 수 없네
모이셀레, 나의 친구여.
하지만 난 나의 모든 생을 바칠 거야
너를 볼 수 있다면, 옛 친구여.

아침에 일어나니 세상이 하얗다. 하얀 꿈속에서 어릴 적 친구들과 눈 덮인 산에 올라 산짐승의 길을 찾아 헤매던 우리의 헐벗은 발자국을 기억하는 것 외엔 내가 지금 아는 것은 없다.

동네의 다섯 친구들과 함께 산과 계곡을 넘어 읍내 중학교에 다녔다. 산골엔 겨울 방학이 되기 전에도 방학이 끝난 후에도 눈이 먼저 내리고 늦게까지 왔다. 눈이 내린 날은 우린 학교 가는 길이 아닌 토끼와 꿩의 발자국을 따라 종일 산을 누볐고 해가 기울면 산그늘보다 먼저 우리의 가슴엔 근심이 어둡게 내리고 있었다.

친구들의 이름을 하나씩 불러본다. 다섯 중 나 혼자만 세상에 남았다. 한 친구의 20대, 또 한 친구의 30대, 다른 두 친구가 남긴 40대 생의 추억의 짐을 나 홀로 지고 끙끙 간다.

『나는 가끔 소음 속에서 음악을 듣는다.』
-조지 거쉰

별이 보이지 않는 밤에
-Richard Strauss: Cello Sonata op.6 2nd mvt

별이 보이지 않는 밤엔
나는 냉소주의자가 되었다

차가운 팔엔 손짓으로
얼룩진 피가 돌고,
시간은 노를 젓고
나의 구령은 표류했다
불 꺼진 등대에선
침묵과 고독의 검은
지방 덩이,
덩어리들이 소리 없이 타고 있었다

-시 『고독』 부분

슈트라우스가 19세 되던 해 작곡한 이 곡은 놀라울 만큼의 성숙도와 음악에 대한 깊은 성찰이 담겨있다. 그가 쓴 악보의 첫 장에 오스트리아 시인 프란츠 그릴파제르의 글이 씌어있다.

음악은 우아하고

말이 없는 것
듣는 이를 고요하게 감싸
우주로 데려가는 것이다.

'바그너의 음악은 본질은 없고 향기만 풍기고 사라진다.'
오스트리아의 음악평론가 한슬릭은 리스트에 이어 신독일악파의 중심을 이루는 바그너를 이렇게 혹평하면서 반대파인 신고전주의 브람스를 치켜세우고 이후 바그너파와 브람스파는 앙숙이 된다. 바그너는 독일의 대문호 괴테를 숭상하고 음악의 예술적 가치를 문학의 아래로 봤다. 그는 음악이 문학과 동등한 예술적 지위를 갖기 위해선 표제적 성격을 도입해야 한다고 주장하며 음악의 외적 화려함에 치중했다. 이 같은 바그너의 음악 사상을 이어받은 리하르트 슈트라우스 역시 극적인 호평과 악평을 함께 들었다.

▫ 슈트라우스는 음악보다는 무대 음악에 신경을 쓰면서도 자기 자신을 잃지 않는다. - 앙드레 졸리베
▫ 슈트라우스 없는 독일 음악은 존재할 수 없다. - 푸르트벵글러
▫ 나의 시대는 슈트라우스의 끝에서 시작된다. - 말러
▫ 슈트라우스는 비인 음악의 절벽 위를 위태롭게 걸어가면서 한 번도 균형을 잃지 않았다. - 폴 두카스
▫ 나의 품 안에서 한 마리의 아름다운 뱀을 키웠다. - 프로이센 국왕 빌헬름 2세

■ 슈트라우스는 천재임엔 분명하나 그의 과장된 다혈질 예술에는 진저리가 나고 그의 음악의 배후에는 자연의 폭력이 숨어있어서 음악예술가라기보단 음향 기사에 어울린다. **- 헨리 바라우드**
■ 위대한 바그너의 업적에 비해 슈트라우스의 진보는 하잘것없는 잠꼬대에 불과하다. **- 토마스 만**
■ 별 볼 일 없는 슈트라우스가 비곗덩어리가 된 나머지 이상한 악기법이란 지방조직의 퇴화로 인해 빈사 상태에 빠졌다. **- 네비유 카르뒤에**

슈트라우스는 자신이 일류 작곡가가 아닐지는 모르지만 이류 작곡가의 첫 줄에 서 있는 것은 분명하다고 말했다. 사람들은 슈트라우스의 이 고독한 곡에 대하여 과연 어떤 평을 내릴까?

우리와 우리 자손의 운명에게
-Brahms: Denn es gehet dem Menschen wie dem Vieh

창밖의 낙엽은 오늘도 하나
노랗게 물들고
세월은 그렇게 또 저물어간다.
아무렇게나 뽑은 음반 한 장
왜 슬픈 예감은 틀리지 않는지
브람스의 희귀 음반 슬픈 노래다.

Denn es gehet dem Menschen

Denn es gehet dem Menschen wie dem Vieh;
wie dies stirbt, so stirbt er auch;
und haben alle einerlei Odem;
und der Mensch hat nichts mehr denn das Vieh:
denn es ist alles eitel.
Es fährt alles an einen Ort;
es ist alles von Staub gemacht, und wird wieder zu Staub.

Wer weiß, ob der Geist des Menschen aufwärts fahre,
und der Odem des Viehes unterwärts unter die Erde fahre?
Darum sahe ich, daß nichts bessers ist,
denn daß der Mensch fröhlich sei in seiner Arbeit,
denn das ist sein Teil.
Denn wer will ihn dahin bringen, daß er sehe, was nach ihm geschehen wird?

우리와 우리 자손의 운명에게

인간이 마지막 가는 곳으로 짐승들도 같이 간다네.
한 사람이 가듯 다른 사람도 그렇게 간다네.
아, 우리 모두 숨을 쉬고 살아있지만
짐승보다 더 나을 게 하나 없는 것이 우리 인간이라네.
모든 것은 허망하고
모두 한곳으로 간다네.
먼지 같은 우리는 모두 다시 먼지로 돌아간다네.
저 높은 하늘로 올라가는 영혼은 누구 것인지
저 아래 지하 세계로 가는 영혼은 누구의 것인지 아는가?
그래 아무리 생각해봐도 더 좋은 것은 없네,

사람이 자신이 하는 일에 즐거움을 갖고 사는 것보다.
그것이 우리의 몫이라네.
그렇게 살다 보면 사람이 죽은 후 어디로 가는 것인지
알게 되는 것 아닌가?

잃어버린 음악의 라인
-Ignaz Joseph Pleyel: Sinfonia Concertante No.5 in F major

이 곡은 우리에겐 거의 알려지지 않은 희귀한 작품이다.
고전의 극음악과 근대의 교향악 사이에 존재했던, 지금은 잃어버린 음악 라인의 한 곡이어서 클래식 음악을 연구하고 관심이 있는 사람들에겐 매우 의미 있는 곡이다.
작곡자 이그나츠 플레엘은 1757년 오스트리아 출신으로 1807년 프랑스로 이주해 1837년 파리에서 생을 마친 음악가다.

그는 음악보단 그가 만든 플레엘이란 피아노로 알려졌다.
쇼팽과 친분이 두터웠던 이그나츠는 1807년 병약한 쇼팽을 위해 건반이 가볍고 터치가 섬세한 피아노를 제작하여 자신의 이름을 딴 이냐스 플레엘이란 회사명으로 아들과 사위에 의해 유지되어 오다가 2013년 경영악화로 문을 닫았다.
플레엘 피아노는 미국 스타인웨이(1834년)보다 오랜 역사가 있으며, 쇼팽 국제콩쿠르에서 사용되는 것으로 유명하다.
그가 제작한 리릭 피아노는 현재 세계에 단 3대 남아있다고 한다.

클래식 애호가들의 흥미를 끄는 것이 있는데, 아들 까미유 플레엘이 베를리오즈의 약혼녀 마리 모크와 결혼한 일이다.
가난한 자신을 버리고 까미유를 택한 모크를 살해하려는 계획을 실제로 꾸민 베를리오즈가 실행에 옮기지 못하고 모노드라마 『삶의 귀환(렐리오)』 2부작으로 쓴다.

신포니아 콘체르탄테는 말 그대로 합주 협주곡이다.
협주곡과 다른 것은 독주 악기가 2개 이상 참여하는 것으로, 하이든이나 모차르트가 즐겨 작곡했다.
플루트, 오보에, 바순, 프렌치 혼과 쳄버악단이 만들어내는 이 곡의 부드럽고 감미로운 선율은 오늘 같은 늦가을 오전 싸한 공기가 흐르는 창밖을 내다보며 설탕과 크림을 넣은 따뜻한 커피를 홀짝거리기에 어울리는 곡이다.

『음악은 언어가 표현하지 못하는 것을 표현한다.』
-얀 시벨리우스

오르쿠스의 동굴
-William Bolcom: The Caves of Orcus

오르쿠스의 동굴은 티베트의 죽음에 관한 책 내용을 음악으로 옮긴 것인데, 거대한 지하 납골당 여행에 관한 것이다.
끊임없이, 영원히 춤을 추고 있는 죽음의 유령들을 지나 모든 것의 종말인 마지막 동굴에 다다른다.
그곳은 거대한 소용돌이의 캄포 산토 지옥이다.
그 가운데는 죄지은 자들이 빨려 들어가는 악마의 입속으로, 광란에 가까운 이미지를 떠올리게 한다.
이윽고 그늘의 나라가 지배하는 깊은 침묵이 흐르고, 로마식 우아한 복장을 한 사람들의 눈에 영원한 절망에 찬 한 사람이 비친다.
여기서 영원한 절망이라는 것은 희망이 없다는 사실을 아는 것 그 자체이다.

우리에겐 거의 알려지지 않은 음악가의 작품으로 인터넷엔 정보가 별로 없으나 유튜브에선 곡을 찾을 수 있다. 1975년 미국 시애틀 출신인 작곡가 피아니스트인 윌리엄 볼컴은 미국과 캐나다에선 잘 알려져 있다. 퓰리처상과 국립예술가상, 캐나다의 디트로이트 뮤직 어워드, 최우수 클래식 컨템퍼러리 그래미상을 수상하고 2007년 올해의 작곡가로 선정되는 등 활발한 활동을 했던 음악인이다.

잘려 나가는 바다의 허리
-브람스: 바이올린 소나타 1번

겁박과 거짓의 색깔로 검게 뭉친 먹구름이 몰려와 차창을 때리던 절망의 비는 물러갔다.
다시 새롭게 평화로운 파란 색깔로 가득한 수평선을 가르고 들어온 늙은 고깃배가 부르르 뒤척이며 몸을 푼다.
어망에서 푸른 경련들이 쏟아지고 햇빛은 여기저기서 후들댄다.
혀 구부리지 않고는 하지 못하는 말이 있는지 문어 한 마리가 몸을 비틀며 온 생애를 드러낸다.

멀지 않은 곳에선 바다를 막는 공사가 한창이고, 그의 생애를 헤집고 박히는, 박혀 들어오는 흙 실은 덤프차를 따라 또 한 생애가 휘청거리며 간다.
잘린 허리를 어루만지며 하염없이 몸 뒤집는 바다 너머 두리번두리번 달아나는 갯벌을 늦은 오후의 햇살이 두들겨 팬다.
조상의 삶을 지탱해 주던 갯벌 위로 꿈틀거리며 기어가듯 흘러가는 마지막 바다의 눈물 같은 물줄기를 바라보며 마음은 한 번 더 스스로를 뒤집고 기억 속의 썰물은 빠져나간다.
저 바닷물은 다시 유장하게 들어올 것인지, 자동차의 스피커에서 밀물처럼 음악이 흐른다.

김영욱이 연주하는 브람스의 바이올린 소나타 1번, 도이치 그라모폰사의 음반이다. 바늘이 수상한 폭우에 놀라 요란하게 미끄러지지만 이내 80년대 초 처음 구입했을 때의 그 황홀한 음률을 명주실처럼 뽑아낸다.

그의 브람스 모차르트 연주는 들을 때마다 놀란다. 매끄러운 톤에 단단한 건축학적 견고함이 깃들어 있으면서도 유려하게 흐르는 그의 연주에서 안정적으로 확장되어 풀리는 공간 속에 앉아 있는 기분이 들어 새로 오디오 기기가 들어올 때마다 늘 테스트 음반으로 사용한다.

도이치 그라모폰, 1898년 후발 주자지만 90년대 이전까진 클래식 음반의 권위의 상징이었다. 연주자가 베를린 필의 단원이 되는 것과 연주자가 도이치 그라모폰에서 녹음하는 것은 최고의 영광이었다. 베를린 필과 도이치 그라모폰 노란색 라벨은 클래식 음반의 보증수표였다.

그 도이치 그라모폰에서 처음으로 녹음한 우리나라 연주가가 누구인지 사람들은 알까? 정경화, 정명훈을 비롯해 조수미 임동혁 등 그라모폰과 녹음한 연주자들이 여럿 있지만 5년 장기계약은 최근 조성진이 유일하다.

우리나라 최초로 그라모폰에서 국제 판매용으로 녹음한 연주가는 바이올리니스트 김영욱(1948-)이다. 휘문중 학생일 때 내한한 피아니스 루돌프 제르킨의 눈에 띄어 미국 콜로라도 덴버시 초청으로 미국 무대에 처음 섰다. 그리고 갈라미안 교수에게 사사한 후 유진 오먼디가 지휘하는 미국 유수의 필라델피아 관현악단과의 협연을 시작으로 요요마 등 여러 거장들과 함께 활동하면서 마침내 도이치 그라모폰에까지 이르게 된다. 이렇다 할 국제 콩쿠르의 입상 성과도 없이 오직 실력 하나로 이룬 업적이다.

김영욱은 보로딘 현악4중주 단원으로 활동하던 중 잠시 한국에 들어왔다가 넘어져 어깨뼈 골절을 당한 후 모든 연주 활동을 접고 서울대 음대에서 후진 양성에 힘쓰다 학장으로 정년퇴임을 했다.

장님과 베토벤
-베토벤: 피아노 소나타 A플랫 장조 12번 Op.26 제3악장

캄캄한 밤중에 장님이 등불을 들고 거리를 지나갔다. 사람들이 물었다. 앞이 보이지 않는데 왜 등불을 켜고 가느냐고. 사람들이 자신에게 부딪히지 않게 하기 위해서라고 그는 대답했다. 그는 자신의 갈 길을 가고 세상의 사람들이 알아서 그를 비켜 가라는 것이었다.

1806년 9월 베토벤은 자신의 후원자인 칼 리히노프스키 대공의 저택을 방문했다. 그날 저녁 베토벤은 프랑스인들과 우연히 자리를 함께하게 된다. 베토벤은 연주를 한 번 해달라고 부탁받는다. 간곡한 요청에도 불구하고 베토벤은 단호하게 거절한다. 함께 앉아있던 리히노프스키 대공이 죠크를 한다, 베토벤이 연주를 하지 않으면 지하 감옥에 가두겠다고.

이 말에 화가 난 베토벤은 밖으로 뛰쳐나가 밤을 달려 비인으로 돌아간다. 집에 도착한 그는 리히노프스키 대공의 흉상을 꺼내 바닥에 박살을 낸다. 그리곤 그의 후원자에게 편지 한 통을 휘갈겨 쓴다.

"대공 전하, 당신은 우연히 대공으로 태어났고, 저 역시 우연히 베

토벤으로 태어났을 뿐입니다.
하지만 지금까지 수많은 대공이 있어왔고 앞으로도 그러겠지만, 베토벤은 세상에서 저 혼자입니다."

이 사건 이후 리히노프스키 대공은 4층 베토벤의 아파트까지 걸어 올라가서 문밖에 앉아 베토벤이 연주하는 것을 들어야 했다. 리히노프스키 대공은 베토벤의 후원자들 중 가장 중요한 후원자였지만 이 사건을 계기로 파국을 맞게 된다.
대공은 사건 이후 베토벤과 화해를 원했으나 베토벤은 아무런 대꾸를 하지 않았던 것이다. 재미있는 것은 대공이 베토벤의 문밖에서 들었던 이유가 베토벤이 그를 집 안으로 들어오지 못하게 했기 때문이었다. 그렇게 해서라도 대공은 베토벤의 음악을 듣고 싶어 했다. 베토벤은 밤에 등불을 들고 가는 장님처럼 자신의 음악에 누구도 부딪치지 못하게 했던 것이다.

피아노 소나타 12번은 베토벤이 리히노프스키 대공에게 헌정했던 곡으로 우리나라엔 잘 알려지지 않았지만 거친 톤 속에 부드러움이 흐르는 장엄하고 아름다운 곡이다. 특히 3악장은 영웅의 죽음을 애도하는 장송행진곡이다. 당시엔 직접 연주하는 것 외엔 음악을 들을 수 없었기 때문에 대공은 이 곡을 듣기 위해 베토벤의 문밖에서 서성였을 것이다.

살아서는 텔레만 죽어서는 바흐
-텔레만: 비올라 협주곡 G장조

오늘날 바흐는 서양 클래식 음악의
아버지라고 불린다.
아마 이 이야기를 텔레만이
지하에서 듣는다면 통곡을 할 것이다.

바흐와 텔레만은 동시대를 살았던 음악가로서 텔레만이 몇 살 위다. 바흐는 생의 대부분을 교회와 귀족들을 위한 음악을 쓰고 연주하는데 보냈지만 텔레만은 굵직한 연주단체의 수장을 두루 거쳤다. 두 사람은 평생 친밀한 우정을 나누었다. 바흐는 곡을 하나 완성을 하면 즉각 발표하지 않고 마차로 며칠 걸려 달려가 텔레만에게 보이고 자문을 구하곤 했다.
바흐가 텔레만을 얼마나 존경하고 따랐는가는 자신의 둘째 아들 이름을 **게오르그 필립 텔레만** 이름을 따서 **칼 필립 엠마뉴엘 바흐**라고 짓는 것에서 알 수 있다.
텔레만은 당시 최고의 음악가 대접을 받았지만 바흐는 여러 음악인들 중 하나였다고 한다. 그러나 텔레만이 죽자 그의 악보들은 호사가들의 수집 대상이 되고, 한번 손에 들어가면 다시 세상에 나오질 않았다. 그러면서 텔레만의 음악은 후세 음악가들에게 연구될 기회를 거의 잃게 된 것이다. 반면 바흐 역시 처음엔 100여 년 거의 잊혀 졌지만 멘델스존이 푸줏간에서 바흐의 마태 수난곡 악보를 발견하면서 재연구되고, 후에 다시 발견된 다수의 악보들은 바흐를 서양 음악의 아버지라는 명칭을 얻게 한다. 그리고 당시 음악은 세속적인 것으로 한번 연주가 끝나면 악보 역시 버려지는 것이 일상이었으나, 바흐는 교회 음악의 특성상 보존이 잘 된 것도 이유 중 하나가 된다.

우리나라 전통 음악도 마찬가지다. 특히 악보 없이 구전으로 전해 오던 우리 음악은 음악인에 대한 실제적 평가가 더욱 어렵다. 그 중에서도 연주자나 소리꾼은 제자를 키우지 않으면 그 명맥이 당대에서 끝난다, 요즘 제대로 평가를 받는 국창 임방울이 그렇다. 그는 당대는 물론 녹음자료로 확인 가능한 역대 최고의 판소리꾼이었지만 제자를 남기지 않아 평가받지 못하다가 유튜브의 발달과 함께 개인 소장 음반들이 하나씩 소개되면서 그의 진면목이 널리 알려지게 된 것이다.

『음악을 이해하는 데 장애가 되는 것은 사람들이 음악을 존경하도록 교육을 받는 것이다. 음악은 존경받는 것이 아니라 사랑받는 것이어야 한다.』

-이고르 스트라빈스키

음악의 조각상
-에릭 사티: 짐노페디

피아노의 향기를 그대로 간직하는 고요 속에
연주자와 피아노는 서로에게서
뭔가를 찾는다.
소리의 무늬를 찾아내려 한다.
한가한 리듬의 디테일이 음의 발란스를
루즈하게 무너뜨리는 편안함 속의 간절함은
교묘한 음의 호흡 법,
선율은 이미지 속을 자유롭게
산책하는 것이어서
가락의 라인은 사라진다.
그건 묘사할 수 없는 감정이다.
말이 표현을 흡수해버릴 때 오는 감정이다.

음악가는 가장 겸손한 동물일지도 모른다. 그러나 그는 가장 잘난 체하는 사람이기도 하다. 조각의 면 같은 사티의 한 모습이다.

길들여지지 않는 사자
-베토벤: 피아노 소나타 27번 E단조

베토벤의 곡 중에서 많이 연주되지는 않지만 그의 다른 작품들에 비해 배우 절제되고 안정된 피아노 소나타 27번 마단조는 두 개의 악장으로만 이뤄져 있다. 1악장은 이성과 감정의 악장, 2악장은 연인과의 대화의 악장이라고 베토벤 스스로 평할 만큼 그의 삶과 관계가 있는 작품이다. 1814년에 완성되어 모리츠 리히노프스키 공작에게 헌정되었다.

베토벤은 내세울 것이 없는 출신임에도 본능적으로 사회의 사자처럼 행세했고 비인 사람들은 그렇게 그를 왕처럼 대우했다. 베토벤이 사람들을 찾아올 때면 고개를 문틈으로 내밀어 안에 자신을 싫어하는 사람이 있는지 살피곤 했다고 프라우드 폰 베르나드는 회고했다.

베토벤은 키는 작달막하고 볼품없는 외모에 얼굴은 곰보 자국이 가득했다. 그의 어두운 색깔의 머리는 이마 아래로 덥수룩하게 헝클어져 있었다. 의복은 매우 평범한 차림이었으며 당시 세련되고 우아한 사회적 풍습과는 전혀 맞지 않았다.

그 밖에도 강한 사투리를 썼고, 그의 행동은 지극히 세속적이고 매너도 썩 좋지 못했다. 베토벤은 매우 자존심이 강해 누가 피아노 연주를 부탁하면 거절하기 일쑤였다. 후원자 리히노프스키 공작의 어머니인 튠 백작부인이 소파에 앉아있는 그 앞에 무릎을 꿇고 연주를 간청했지만 거절한 일도 있다고 한다.

절대적인 예의범절이 몸에 밴 하이든은 자신의 어린 제자 베토벤을 위대한 거물이라 불렀다. 그러나 베토벤은 아랑곳하지 않았다. 하이든은 자신을 따르는 사람들을 기쁘게 했지만, 베토벤은 자신을 좋아하는 사람들을 울렸던 것이다.

사람들과의 사이도 어떻게 되든지 상관하지 않았으며, 자신의 연주를 듣는 사람들을 한 방울의 눈물이 아닌 흐느끼도록 할 만큼 감동을 주는 방법을 알고 있었던 베토벤은 어떤 마술 같은 힘을 가지고 있었다고 그의 제자 칼 체르니는 회고했다. 그렇게 연주가 끝나면 베토벤은 폭소를 터트리며 그렇게 우는 청중들에게 바보라고 농담하곤 했다고 체르니는 덧붙였다.

자신처럼 막되어 먹은 사람과 누가 함께 살 수 있느냐는 동정 어린 말을 들으면 베토벤은 분개하여 궁정에서 살아가는 것이 작곡가에겐 참을 수 없는 일이라고 하며, 매일 세시 30분에 집에 가야 하고, 매일 좋은 옷을 입어야 하고, 수염을 깎아야 하는 일들이 자신에겐 견딜 수 없는 일이라고 투덜거렸다.

1795년 베토벤은 자신만의 거처를 마련한다. 그에게는 아파트 생활이 맞지 않았다. 비인과 그 주변에서 35년을 살면서 거의 70번 이사를 했던 베토벤의 생애에 여러 여인이 등장한다. 한 젊은 여

가수가 그의 결혼 제의를 그가 못생기고 정신이 조금 이상하단 이유로 거절했다. 하지만 그의 친구였던 프란츠 웨겔러 박사의 말에 의하면 베토벤에겐 잘생긴 사람들이 이루기 어려운 것을 정복할 수 있는 능력이 있었다고 한다.

그와 가까이 지낸 여인들 중엔 태레제 백작부인과 조세핀 폰 브룬스비크 자매가 있었고, 그가 월광소나타를 헌정한 줄리에타 귀차르디 백작부인이 있었다. 그리고 베토벤 자신의 고해성사를 들어주는 사람(Father Confessor)이라 할 만큼 가까운 사이였던 헝가리의 아마추어 피아니스트 안나 마리아 폰 에르되디 백작 부인이 있었는데 1808년 겨울부터 1809년 겨울까지 같은 아파트에서 살았다고 한다.

우아한 바흐
-J.S 바흐: 파사칼리아와 푸가 C단조

바흐는 다른 여러 춤곡이나 민속음악, 궁정음악들을 재구성했다. 여기 바흐에 의해 재탄생한 또 하나의 우아한 작품이 있다. 스페인과 이탈리아의 옛 춤곡인 파사칼리아다. 파사칼리아는 브람스의 교향곡 4번에 많이 사용되고 있으며, 본 윌리암스의 5번 교향곡, 쇼스타코비치의 8번 교향곡에도 사용되었다. 처음엔 하프시코드용으로 쓰여졌지만 C단조 파사칼리아는 오르간의 고전이 되었다. 이 곡의 점점 올라가는 소리의 나선을 조금만 따라가면 그 많은 지휘자들과 작곡가들이 이 곡의 오르간 악보를 왜 오케스트라용으로 편곡했는지 알 수 있다. 원곡을 이처럼 재구성하고 확장한 작품들은 거의 없다. 르네 라이포비츠가 이 곡을 처음 이처럼 멋지게 편곡을 하자 헨리 에세르, 알렉산더 괴딕, 프레데릭 스톡, 오토리노 레스피기, 레오폴드 스토코프스키도 이어 편곡자 대열에 합류했다.

라이포비츠의 편곡 방법은 두 개로 분리된 오케스트라의 효과를 이용하는 것이었다. 오케스트라는 공간적으론 나뉘어졌지만 둘 사이엔 완벽한 연결과 조합이 이루어진 이 편곡은 바흐의 다양한 천재성을 더욱 돋보이게 한다.

바흐는 부지런하도록 교육을 받았다. 부지런한 사람은 누구나 똑같이 잘 살아야 한다고 그는 생각했다. 바흐는 쉴 새 없이 다른 작곡가들의 작품이나 전해 내려오는 민속 음악을 자신의 악보에 필사하고 악기를 다루게 배치하는 작업을 꾸준히 했다. 새로운 것을 창작하거나 악기를 멋지게 연주하는 것은 그에게 중요한 것이 아니었다. 그는 악기를 연주하는 것은 어려운 일이 아니라 바른 시간에 바른 키를 누르면 악기 스스로 연주를 하는 것이라고 했다. 이처럼 바흐의 음악은 근면과 끈기의 흐름으로 오늘날 서양 음악의 아버지란 칭호를 얻게 했다.

작별과 애수의 여왕
-캐슬린 페리어: 대지의 노래

말러는 그가 평소에 갖고 있던 노래와 교향곡을 하나로 결합하려는 생각을 마침내 하나의 대곡으로 만들어낸다. 그의 두 번째, 세 번째, 네 번째 교향곡에서도 이미 이 두 가지 장르의 결합 시도가 있었지만 대지의 노래에선 이 두 가지를 분리해선 생각될 수 없는 완벽한 퓨전 음악을 만들어낸 것이다. 여섯 개의 성부에서 테너와 메조소프라노가 번갈아 나오는데, 말러는 분위기와 색채감이 충만한 감각적인 대규모 오케스트라를 배치하고, 여기에 솔로 악기들로 이루어진 소규모 그룹의 정밀한 음을 더한다.

도입부의 거칠고 숙명적인 운명의 음악인 대지의 슬픔을 마시는 노래(Das Trinklied vom Jammer der Erd)에 이어 안개 낀 호수를 묘사하는 황량한 음악이 이어진다. 이 부분은 당시 비엔나의 일간지 Wiener Extrablatt 만화에 쓸쓸한 가을 남자(Einsame im Herbst)란 타이틀로 오른다. 그리고 전체적으로 5음계 선율로 이루어진 세 개의 짧은 악절이 뒤따르며 젊은 날의 소박한 행복과 봄의 즐거움을 회상하고, 마지막 부분, 작별(Der Abschied)이 다른 5개의 노래 부분보다 더 길게 흐른다.

두 가지의 다른 시들이 오케스트라의 간주에 의해 나뉘어져서 말러 자신이 붙였던 노랫말 '사랑스런 봄꽃들은 여기저기 피고 새싹은 다시 돋고, 세상의 모든 곳은 언제나 먼 지평선이 어렴풋이 푸르게 빛나고, 그리고 끊임이 없네… 영원히'로 이루어진 종결부에 이른다. 음악은 인간의 죽음에 대한 인식이 생명과 자연의 세계는 끊임없이 새로워진다는 개념에 의해 초월 되는 듯 곡의 결말에 이른다. 이 작품은 대체로 이국주의 자체에 대한 동경이라기보단 말러 자신의 주관적이고 개인적인 관심사와 관련이 있는 듯하다. 하지만 말러의 동양적인 정취와 영감을 벗어나선 그의 대곡 대지의 노래는 존재할 수 없을 것이다.

대지의 노래의 가장 완벽한 연주는 브루노 발터와 캐슬린 페리어의 것을 꼽는다. 모노시대의 녹음이지만 말러의 무거운 슬픔을 이만큼 짙게 노래한 연주가 없다. 마지막 페리어가 '안녕히… 안녕히…' 작별 부분을 부를 때 감정에 복받쳐 끝을 맺지 못하고 연주가 끝나자 지휘자 발터에게 죄송하다고 말한다. 그러나 발터는 당신이야말로 가장 위대한 예술가라며 칭찬한 일화는 유명하다. 그때 페리어는 자신의 운명을 예감했을까? 어두운 애수의 여왕 페리어는 1953년 41세의 나이로 세상을 떠난다.

『나는 언제나 마지막인 것처럼 연주를 한다.
그러면 그 연주는 언제나 이전보다 좋다.』

-니겔 케네디

우아한 저녁 식사를 위하여
-Telemann: Concerto F dur Musicque de Table

텔레만의 식사를 위한 음악 모음곡들 중 콘체르토 F장조 라르고를 듣는다. 텔레만은 독일 출신 중 가장 왕성한 작곡가였다. 그는 자신의 작품들을 분류하려고 했지만 너무 방대하여 포기했다.

텔레만의 작품은 기악 협주곡만 해도 170곡이 넘는다. 그중에는 독일 작곡가들이 선호했던 관악 솔로를 위한 곡들도 많이 포함되어 있다. 그 외에도 슈트 형식의 짧은 협주곡들인 프랑스풍의 서곡 스타일의 모음곡들이 많이 있다. 예를 들면 유명한 곡인 바흐의 플루트를 위한 모음곡 B단조 같은 것들이다.

테이블 음악(Musicque de Table)들은 식사 때 소화를 돕기 위한 비교적 가볍고 긴 모음곡들이다. 이들 곡들은 대부분 프랑스 스타일로 씌어있으나 각 곡들엔 이탈리아 콘체르토가 들어있다. 오늘날의 개념으로 보면 3대의 바이올린을 위한 협주곡인 셈이다.

텔레만 음악의 일반적인 스타일은 프랑스, 이탈리아, 슬라브식 음악을 혼합하여 18세기 로코코 풍의 멋진 갤런트 스타일을 완벽하게 표현하는 것이었다. 그의 음악을 듣고 있으면 엄격한 바로크 형식에 순수한 자연적인 스타일의 격조 있는 편안함을 느낄 수 있다.

아내의 운명을 예견한 음악가
-쇤베르크: 현악 4중주 2번 F샵 단조

예술가들의 작품 중엔 자신의 삶과
관련된 것들이 있다.
무조음계 기법의 창시자 쇤베르크는
25세가 되던 1899년 현악 6중주
정화된 밤을 쓴다.
독일의 시인 리하르트 데멜의 시를
모티브로 하여 쓴 반음계적 음악이다.

시의 내용은 아이러니하게도
그의 아내 마틸데의 미래가 된다.
달이 휘영청 빛나는 밤
부부는 산길을 걷는다.
밤의 고요가 뒤에서 양심을 붙잡는 듯
아내는 고백한다.
뱃속의 아이는 남편의 아이가 아니라고,
직장의 남자아이라고 실토한다.
남편은 아내를 감싸 안고, 다시
두 사람을 감싸 안는 환한 달빛 속에서

남편은 아내를 용서하는 줄거리다.

그리고 몇 년 후 쇤베르크의 아내는
친구 리하르트 게르즐과 바람이 나고
집을 나간다.
아내는 돌아오지만 결국 자살한다.
쇤베르크는 분노하고, 절망하고,
혼란스러운 정신 상태에서
이제껏 유지해온 반음계적 음의
기조에서 갈팡질팡하며
음의 질서를 무너뜨린 곡을 쓴다.
현악 4중주 2번 F샵 단조다.
하지만 첫 악장은 아내에게
영원한 안녕을 고하는 듯,
기존의 낭만주의에 이별을 말하는 듯
전통적인 음의 기조 위에서
서정적이고 슬픈 선율이 울먹거린다.

예술이라고 해서 모두에게 예술은 아니고, 모두에게 예술이 아닌 것은 예술이 아니라는 쇤베르크에게 그의 음악은 예언적 예술이었던 것이다.

음유 시인의 노래
-칼 오르프: 카르미나 부라나

까르미나 브라나, 오 운명의 여신이여….
독일의 근대 작곡가 칼 오르프의 까르미나 브라나의 도입부분으로 7~8세기 독일의 보이렌 지방의 수도승, 음유시인들, 과객들이 노래한 속요들을 엮은 시가집을 라틴어 까르미나 브라나(보이렌의 노래)로 표기한 것이다.
도입부는 거대한 리듬의 파도가 압도한다, 거대 세력의 리듬이 세상을 휩쓸어가듯.

초등학교 음악 시간에 맨 처음 배우는 악기가 탬버린, 캐스터네츠, 트라이앵글, 큰북 작은북 등 리듬악기들이다.
리듬은 인간의 원초적인 음악 언어이기 때문이다.
칼 오르프, 그는 모든 음악에서 리듬을 중시했다.
우리가 학교에서 배운 것은 바로 칼 오르프의 교육과정이다.
그래서 우리가 학교에서 처음 배운 음악 악기가 리듬악기들인 것이다.

그의 리듬이 엄습해온다.
거대한 리듬의 파도에 맞서 태연한 것은 도덕적 지루함이다.

첫눈
-베토벤: 현악 4중주 4번 c단조 Op.18

터벅터벅 먼 길을 돌아 첫눈이 옵니다

눈송이 몇은 어둠이 스치고

불빛이 깎이고

당신을 생각하면

끼리끼리 섞이는 눈물입니다

눈물이 다시 눈이 되길 기다리는 동안은

빛에서 어둠으로 뛰다

푹 꺼진 발자국도

돌아보면 당신까지 까마득히 먼 설원입니다

-시 『첫눈』 부분

첫눈이 내린다. 그녀의 웃음조차도 음악이었던 시절이 있었다. 저 눈발의 경쾌함으로 그녀의 웃음을 마중 나가는 일은 다시 올 수 없는 것인가…?

론도풍의 소나타 형식으로 스케르초 기분이 나는 유쾌한 곡이다. 하이든이나 모차르트의 초기 분위기가 풍기는 건강한 정서를 가졌다. 제1 바이올린이 제1 주제를 경쾌하게 이끌어가다 G장조로 바뀌는 경과부가 나타나고 곧이어 C장조가 되받는다. 주제는 제1 바이올린과 제2 바이올린이 캐논 풍으로 이끌어 가는데 차분한 느낌을 준다.

이어서 F장조의 론도 주제가 재현부를 이끌고 다시 이 주제에 의한 경과부를 거쳐 전개부로 진입한다. 이 부분에선 변화가 많은 다채로운 전개부가 계속된다. 그리고 론도 주제가 세 차례 F장조로 나타나고, C장조의 처음 주제가 F장조로 바뀐다. 그렇게 곡이 진행되다가 내림 B장조 론도 주제가 나타났다 사라지고 다시 F장조에 의한 론도 주제의 비올라가 코다를 쾌활하게 이끌고 악장을 마감한다.

피아노의 헤라클래스
-안톤 루빈스타인: 피아노협주곡 4번 D단조 Op.70

음악가 중에 세 사람의 루빈스타인이 있었다. 작곡가이며 피아니스트이고 차이코프스키의 스승이었던 안톤 루빈스타인, 모스크바 음악원의 초대 원장이었으며 차이코프스키 피아노협주곡을 악평했던 니콜라이 루빈스타인, 그리고 폴란드의 비르투오소 피아니스트 아르투르 루빈스타인이 그들이다.

안톤 루빈스타인은 리스트와 더불어 역대 가장 뛰어난 피아니스트로 꼽히는 한 사람이다. 베토벤적인 엄격함과 정교함을 가진 그는 뛰어난 재능과 테크닉을 지녔으면서도 혹독한 연습으로 유명하다. 그가 남긴 "하루를 연습하지 않으면 내가 알고, 이틀을 연습하지 않으면 친구가 알고, 사흘을 연습하지 않으면 청중이 안다."는 말이 유명하다.

우리가 잘 아는 아르투르 루빈스타인도 연습 광으로 잘 알려져 있는데, 그는 연주를 마치고 나오면 늘 하는 말이 "분하다, 틀리지 않을 수 있었는데.." 라며 즉시 연습실로 향하곤 했다. 아무도 알아듣지 못한 미스터치를 했다는 것이다.

1952년 안톤 루빈스타인의 피아노협주곡 4번을 연주했던 피아니스트 겸 배우 오스카 레반트가 '행복은 경험하는 것이 아니라 기억하는 것이다.' 라고 말한 것처럼 그의 피아노곡을 연주한 사람들은 안톤 루빈스타인이란 이름을 오래도록 기억했다.

안톤 루빈스타인의 테크닉에 관한 재미있는 일화가 있다. 독일의 유명한 피아노 교사인 루드비히 데프가 미국의 피아니스트 아미 페이에게 비꼬듯 조언한 말이 있다. "루빈스타인이 어떻게 건반을 치는지 잘 봐라, 답답한 것이 아무것도 없다. 그는 마치 우주로 나아가는 듯 건반위에 손가락을 펼치고 자유롭게 유영한다." 루빈스타인의 설렁설렁 치는 스타일이 독일식의 학구적인 연주 스타일의 피아니스트들에겐 마음에 들지 않았던 것이다. 그러나 단순한 테크닉 이상의 뭔가를 평가하는 사람들에게 그의 연주는 대단한 각광을 받았는데, 피아니스이면서 지휘자였던 한스 폰 뷜러는 이런 루빈스타인을 가리켜 음악의 미켈란젤로라 평했다. 독일의 비평가 루드비히 렐슈타프는 그를 피아노의 헤라클래스라 불렀고, 그의 피아노는 악기의 주피터라고 했다.

루빈스타인은 젊은 라흐마니노프에게 자신의 피아노 기법을 전수하면서 피아노를 칠 때 손가락 자국에서 피가 배어나도록 건반을 누르라고 했다. 그러면서도 아주 가볍고 우아하고 섬세하게 연주를 할 수 있어야 한다는 것이었다. 하지만 루빈스타인은 언제나 이렇게 연주하는 것은 아니었다. 그는 청중들은 자신에게서 천둥과도 같은 소리를 듣기를 원하는 걸 알고 있었고, 청중들의 구미에 맞게 연주하는 법을 알고 있었던 것이다. 루빈스타인의 힘찬 연주와 강력한 기질은 그의 미국 순회공연 중 강한 인상을 남겼는데, 그의 이런 연주는 이전엔 들어본 적이 없는 경험이었다. 이때 루빈스타인이 신문 기자들로부터 받은 관심은 어느 음악가들보다 대단한 것이어서 한 세대 후에 이그나치 얀 파데레프스키 같은 자신과 같은 스타일의 피아노 연주가가 나오게 했다.

허무한 마음
-파가니니: Nel cor più non mi sento

그가 연주하는 것을 들으면
종일 일을 하고 저녁으로 냉면을 먹는 기분이다.
삶에 한 줄을 긋는 차가운 면발은
늘 되풀이되는 일상,
한 가닥의 탄수화물은 삶의 가능성을 묻는
불가능성의 테스트다.
문득 황량한 충동이 세상을 생각의 범위 안으로 제한시킨다.

음악 역사상 바이올린곡 중 가장 연주하기 어려운 곡을 한 곡 뽑으라면 파가니니의 허무한 마음(Nel cor più non mi sento)일 것이다. 이 곡은 매우 서정적이며 애잔한 곡이지만 연주가 너무 어려워 실제 연주를 거의 들을 수 없었다. 왼손가락의 무시무시한 피치카토는 이 곡을 파가니니 이후 아무도 완벽하게 연주하지 못하게 했다.

그러나 드디어 파가니니의 재래가 나타났다. 노동자 같은 복장, 방금 잠에서 깬 듯 부스스한 얼굴, 아무렇게나 헝클어진 머리, 불쾌한 냄새라도 나는 듯 몸을 사리며 피하는 협연자들을 배경으로 폭군처럼 바이올린의 현이 끊어지도록 긁어대는 무모함과 입을 다물지 못하게 하는 숨 막히는 왼손의 피치카토로 그는 천재를 넘어 기인의 반열에 들어섰다. 그러나 그는 요즘 연주를 하다 갑자기 쓰러지지를 않나, 바닥에 무릎을 꿇고 머리 위로 하늘을 향해 두 손을 싹싹 비는 기행들을 자주 보인다. 세상 사람들은 그가 더 이상 미쳐가지 않기만을 간절히 바랄 뿐이다. 넓은 땅, 높은 산, 깊은 골, 긴 강 어느 곳에 숨어있다 나타났는지 모르는 중국의 광인 바이올리니스트 리전운(Chuanyun Li) 이야기다.

옛날 이탈리아의 바이올리니스트 파가니니도 그의 기괴한 모습과 광기의 연주로 악마라 불렸다. 그러나 그 이후 파가니니만 한 바이올리니스트는 없었다. 뛰어난 바이올린 연주가가 나오면 파가니니의 재래라고 했지만 정작 그의 경지에 오른 사람은 아직 없었다. 그러나 중국의 이 괴짜가 그의 아성을 이미 넘었다고들 한다. 다만 파가니니가 그 광기를 주체하지 못하고 짧은 생을 살다 간 것처럼 이 젊은 괴짜도 그의 전철을 밟지 않을까 걱정할 뿐이다.

잊혀진 피아노협주곡
-차이코프스키: 피아노협주곡 2번과 3번

차이코프스키의 많은 작품들이 콘서트에서 자주 연주되고 있지만 그의 음악을 무척 좋아하는 사람들조차도 차이코프스키의 피아노협주곡이 하나가 아니라 3개가 있음을 아는 사람들은 드물다. 그러나 발레를 조금이라도 아는 사람은 이 사실을 다 안다. 이 아이러니는 그의 피아노협주곡 op.23 b플랫 단조의 인기가 너무 높다보니 음악을 좀 안다는 사람들도 이 곡을 차이코프스키 피아노협주곡이라 명명하는 데서 기인한다.

이 세 피아노협주곡은 일련의 비르투오소적인 열정적인 작품들로서 장엄하리만큼 파워풀한 그 탁월함에 있어 어느 것 하나 빠지지 않는다. 그의 피아노협주곡 1번은 이미 국제적인 주요 레파토리가 되었으며 클래식 음악을 좋아하지 않는 사람들에게도 잘 알려져 있다. 2번 협주곡 op.44와 3번 협주곡 op.75는 단지 그의 보너스 곡이 아닌 사랑받는 작품이다. 이 두 곡은 러시아의 발레 안무가 게오르그 밸런친이 발레음악으로 사용함으로써 1번 피아노협주곡이 콘서트홀에서 자주 연주되는 것만큼 2, 3번곡도 자주 극장에서 들을 수 있었던 것이다.

예술가의 작품은 어쩔 수 없이 서로 연관성을 갖는다. 한 작품이 널리 사랑을 받으면 그의 알려지지 않은 작품들도 친숙하게 받아들여진다. 그 결과 이 두 작품들의 발레 음악으로서의 뛰어난 성과가 이제는 음악 공연에 있어 정식 레파토리로 이름을 올리게 하고 있다. 차이코프스키가 협주곡 1번을 작곡한 후 5년간은 그의 인생에 있어 개인적으로 음악적으로 매우 중요한 시기였다. 차이코프스키는 원치 않은 결혼을 하게 되고 그에 따른 자살 기도에 이어 그의 절대적 후원자 폰 메크 부인을 만나게 된다. 이 기간에 그는 오페라 유진 오네긴과 네 번째 교향곡, 그리고 백조의 호수를 썼는데 모두 그의 예술적 성장을 보여주는 작품들이다.

따라서 창작욕이 불타는 이 시기에 쓴 2번은 그 전의 1번보다 더 뛰어났어야 하는 게 당연하다. 아마 그럴지도 모른다. 2번의 악보에서 전체적인 분위기는 온화하지만 놀라우리만큼 정교하고 직접적인 표현과 도처에 돋보이는 그의 개성은 그의 많은 열혈 지지자들을 돌아서게 했다. 그들에게 눈물 없는 차이코프스키는 차이코프스키가 아니었던 것이다. 사람들은 2번이 1번곡보다 감성적이지 않다고 받아들였다. 그러나 2번은 분명 기술적으로 보다 우수한 작품이다. 허버트 웨인스톡은 차이코프스키 전기에서 두 협주곡의 각 3악장은 뛰어난 아이디어들로 차 있고 그것들은 확실하면서도 개성적인 음악으로 구현되고 있다고 쓰고 있다.

하지만 웨인스톡은 솔로 파트가 전례 없이 난해하여 피아니스트들이 연주를 기피하는 원인이라고 덧붙이고 있다. 음악평론가 제임스 후네커는 철의 손을 가진 프란츠 룸멜조차도 이 곡을 1892년 뉴욕 필하모니 소사이어티와 협연할 때 몇 개의 패시지를 건너뛰었다고 보도했다. 그러나 웨인스톡은 이 2번 협주곡은 언젠가 분명 다시 살아날 거라고 했는데 그의 말은 옳았다. 악보는 차이코프스키가 1879년 가을 파리를 방문했을 때 모습을 드러냈다. 그는 1번 협주곡에 대한 니콜라스 루빈스타인의 평으로 심적 고통을 겪고 있었다. 본래 1번은 루빈스타인을 위해 쓴 곡이었지만 그의 무례한 평을 듣고 한스 폰 뷜러에게 헌정한 곡이다.

그 후 루빈스타인은 이내 자신의 잘못을 인정하고 전 유럽을 순회하면서 차이코프스키의 1번 협주곡을 연주하고 있었고, 차이코프스키는 서운한 감정을 버리고 루빈스타인을 위해 새로운 곡을 쓰기로 맘먹고 비르투오소 연주자인 루빈스타인의 기교에 맞는 2번 협주곡을 쓰게 된 것이다. 이때 루빈스타인은 차이코프스키를 지극히 정중하게 대했고 자신의 모스크바 음악원의 원장직을 맡아달라고 하기도 했다. 루빈스타인은 차이코프스키가 그 제안을 수락하기 전에 죽었지만 그의 진심 어린 마음은 차이코프스키에게 충분한 보상이었다.

그러나 차이코프스키는 그의 1번 협주곡에 대한, 민속풍의 선율을 너무 많이 사용하였다는 루빈스타인의 비평을 기억하고 있는 터여서 똑같은 위험을 무릅쓰고 싶지 않았다. 따라서 2번 협주곡의 모든 선율은 차이코프스키 자신이 직접 만들어낸 것들이다. 이 곡을 헌정할 루빈스타인의 엄청난 파워를 고려하는 것도 잊지 않았다. 이런 단순한 이유만으로도 많은 피아니스트들이 이 곡을 연주할 엄두를 내지 못하게 했던 것이다.

현재 이 협주곡은 안단테 부분만 러시아의 피아니스트 알렉산더 질로티의 편곡을 따르고 그 외 악장들은 차이코프스키의 원곡대로 연주하는데, 이 안단테 부분의 원곡과의 차이는 피아니스트의 기교를 중시하느냐, 피아노 악기의 특성을 강조하느냐이다.

제2악장의 안단테 논 트로포 D장조는 본래 일종의 3중 협주곡 형태로 피아노와 솔로 바이올린, 첼로가 똑같은 비중을 갖는 것이었으나 질로티 버전에서는 그 기본적 협주감은 유지하면서 피아노를 보다 강조한다. 차이코프스키의 처음 생각이 현명했다 하더라도 차이코프스키 스스로 이 개조된 버전을 인정한 이후 지금은 안단테 부분은 질로티 버전으로 연주된다.

색소폰의 설음
-J.S Bach: 솔로 바이올린을 위한 파르티타 BWB1002, 1004, 1006

철학자 플라톤은 관악기는 디오니소스적이어서 음이 선정적이고 경망스러워 인격 도야에 있어 이롭지 못하고, 아폴로닉한 점잖은 음을 내는 현악기가 사람의 품성 형성에 이롭다고 했다.

관악기 중에서도 적극적으로 음이 앞으로 나서는 트럼펫이나 트럼본 같은 악기는 대편성 관현악곡을 제외한 소편성이나 실내악엔 잘 쓰이지 않고, 색소폰은 음이 깊고 부드러워 공격적인 금관악기와 소극적인 현악기의 이질적인 관계를 매끄럽게 이어주는 역할을 하지만 너무 깊은 음이 때론 음흉스럽다 하여 베토벤 시절까진 교회 음악이나 클래식 음악에 쓰이지 않았으나, 라벨의 볼레로나 비제의 아를르의 연인 같은 곡에 한정적으로 사용되었고, 20세기에 이르러 미국의 조지 거쉰이나 다리우스 미요 같은 현대 음악가들에 의해 자연스럽게 쓰이면서 오늘날 대중음악에서 없어선 안 되는 악기가 되었다.

품격이 높은 음의 선율은 사람의 정신을 집중시키고 켜켜이 쌓아 생산적인 새로운 정신을 발효시키는 효과가 있다. 이는 사람에게

서뿐만 아니라 동물이나 식물의 성장과 관련된 연구보고가 많이 있다. 그러나 오늘날 대중음악이 천박한 관능을 달래고, 값싼 서정으로 일상생활의 억압된 심리 해소를 위한 가벼운 음악으로 전락한 데에는 관악기들의 역할이 없었다고 아니할 수 없다.

인간의 자기표현 수단은 말과 글이다. 그러나 그 이전에 음악이 있었다. 음악은 인간이 내면 깊은 곳에서부터 신을 인식하게 하는 신비한 수단으로서 말과 글 이전에 존재했던 것이다. 따라서 음악은 한 사회나 국가 구성원들의 정서를 결정짓는 중요한 역할을 한다. 일제 강점기 시절 1940년대 초기까진 우리의 대중가요는 단조 트롯이 주류를 이뤘다. 이난영, 고복수, 황금심 그리고 남인수 등이 대표적이었다. 미국과 일본의 태평양 전쟁이 발발하면서 일제는 자국은 물론 한국의 국민에게도 슬픈 음악을 금지시키고 장조 음악을 권장하였다. 이때 등장한 가수가 백년설이었고 남인수와 쌍벽을 이루었다. 아이러니하게도 백년설은 분명 장조의 노래들을 불렀지만 그의 창법은 우울한 우리 민족의 정서를 벗어나지 못했다.

이처럼 개인은 물론 한 국민의 정서에까지 영향을 미친다는 게 역사적으로도 증명된 음악의 역할이 오늘날엔 BGM(back ground music)이란 이름하에 도처에서 혹사(?)를 당하면서 음악으로 인한 신종 스트레스나 피곤을 호소하기에까지 이르렀다. 여기에 경제 성장과 함께 행복 추구의 일환으로 여가의 비중이 늘어난 요즘 개인적인 악기 연주에 대한 수요가 늘어나면서 퇴직자들을 중심으로 색소폰을 배우는 사람들이 많아졌고 여기저기 색소폰 학원들이 생겨났다. 단음 악기면서 운지가 용이해 배우기가 쉬워 단시간의 연습만으로도 완곡 연주가 가능한 색소폰은 자칫 통속적인 악기라는 옛날의 오명을 다시 가져올 위험이 있는 악기다. 그러나 세계적으로는 그동안 재즈나 현대 음악에 한정되었던 색소폰에 대한 재평가가 이뤄지면서 요즘은 바흐 같은 바로크음악까지 그 레파토리를 넓혀가고 있다.

사진 - 배홍배

전문피아니스트가 작곡한 피아노협주곡
-Giovanni Benedetto Platti: Piano Concerto in C minor No.2

플라티의 이 곡은 전문피아니스트가 작곡한 유일한 피아노협주곡이다. 그는 오보에와 바이올린, 첼로도 연주하고 테너 가수로도 활동했지만 피아노가 전문이었다. 아내가 가수였고 두 아이가 있었다는 것 외엔 플라티에 대하여 알려진 것은 거의 없다.

플라티란 이름을 가진 음악가가 두 사람 있었는데 아버지 플라티와 아들 플라티였다. 하지만 이 사실을 확인해줄 그들의 출생 기록이 2차 세계대전 동안 소실되었다. 두 사람의 플라티 중 오늘날 거론되고 있는 사람은 작곡가 플라티다.

플라티가 흥미로운 것은 그가 바흐와 헨델과 같은 시대를 살면서 바로크적 양식을 보인 것뿐 아니라 새로운 고전주의 성향을 보였다는 것이다. 그의 콘체르토 C단조는 그것을 잘 보여준다. 제1악장은 바로크와 고전주의적 경향을 함께 보여주는데, 멜로디는 바로크 양식이 분명하면서도 피아노 왼손의 반주는 바로크의 대위법적 스타일이 별로 보이지 않음을 알 수 있다.

화성악적으로도 매우 세련되어 있고 바흐나 헨델 같은 동시대의 다른 작곡가들보다 상당히 진보적인 경향을 띠고 있음이 흥미롭다. 도입부의 오케스트라가 없이 2악장만 듣는다면 이 곡이 피아노를 위해 편곡된 관현악곡이거나, 플라티의 느린 악장을 건반 악기를 위한 곡으로 편곡한 것으로 들릴지도 모른다. 그의 솔로 부분은 때로는 바로크적 경향을 보이는 마디가 있어서 전기 고전주의와 조금 혼란스럽긴 하지만, 새로운 흥미 속에 다양한 변화를 보여준다.

최초의 흑인 작곡가
-조셉 볼로뉴 슈발리에 드 생 조르주: 아다지오 F단조

슈발리에 드 생 조르주는 프랑스의 노예상인 아버지와 흑인 노예 사이에서 태어났다.

18세기 최초의 아프리카 음악가로서 그는 뛰어난 바이올린 연주자였으며 작곡가이기도 했다.

불행하게도 그의 많은 작품들이 그의 생전에 분실되었거나 출판되지 못했다.

하지만 그의 잃어버린 작품들을 되찾아내려는 음악인들과 애호가들의 노력으로 교향곡들을 비롯해 현악 4중주들과 바이올린협주곡들이 발견되어 외면당했던 그의 재능이 재평가되고 있다.

7세 때부터 프랑에서 교육받은 그는 음악뿐 아니라 승마와 펜싱 등 운동에도 탁월한 재능을 가졌지만 흑인 혼혈이란 편견 속에 그의 보석 같은 작품들이 수 세기 동안 깊게 묻혀있었다.

모차르트가 파리에 거주할 때 같은 아파트의 이웃에 살았지만 그런 생활환경도 당시의 인종 차별의 벽을 허물진 못했다.

혼혈아로서의 차별 속에 견뎌야 했던 고독과 외로움이 우울하고 슬픈 선율 속에 깊게 녹아있다.

음악가들에 대한 웃기고 슬픈 이야기들
-라모: 암탉

□ 한 평론가가 레가의 한 작품에 대하여 매우 악의적인 평을 썼다. 그래서 레가는 그 평론가에게 이렇게 썼다.
"평론가 씨, 나는 우리 집에서 가장 작은 방(화장실)에 앉아 있소. 당신이 쓴 평이 지금 내 앞에 앉아 있소. 하지만 그것은 곧 나의 뒤에 있게 될 거요."
메타포적인 표현이다. 즉, 평론가 당신이 지금은 나보다 유명해서 당신의 글을 읽지만 앞으로 내가 더 유명해지면 당신의 평 따윈 보지도 않을 것이라는 의미다.

□ 그러나 레가의 이야기는 모차르트가 작곡한 음악의 농담이란 곡보다는 웃기지 않는다. 그 곡에는 모든 작곡가들이 피하고 싶은 것들이 버젓이 들어있다. 심지어 이 곡은 가장 서툴게 쓰인 곡이 가질 수 있는 모든 것을 갖춘 대표적인 곡이라 할 수 있다. 하지만 나는 이 곡을 즐겁게 듣곤 한다.

□ 또 하나 웃기는 이야기가 떠오른다. 스크랴빈의 이색적인 작품들 중에서도 가장 독특한 것은 그의 판타지 b단조일 것이다. 이 작품은 매우 아름다워 쇼팽의 발라드가 연상된다. 하지만 보다 로

맨틱한 풍부한 화성과 조금은 눅눅한 주제가 쇼팽과는 다르다. 어느 날 스크랴빈이 그의 동료들과 함께 있었는데, 한 친구가 다른 방에서 그 곡을 연주하는 것이었다.
"저 곡을 누가 썼지? 매우 익숙한 곡인데…."
하고 스크랴빈이 물었다. 그러자 그의 친구가 그 곡은 스크랴빈 자신의 판타지라고 말했다. 그래도 그는 자신이 쓴 곡에 무슨 저런 판타지가 있느냐며 다시 물었다. 스크랴빈은 그 곡을 대단치 않게 생각했고 그 곡의 존재마저 까마득하게 잊고 있었던 것이다.

□ 클래식 음악은 매우 진지한 음악이란 선입관념이 있다. 그러나 조금만 파보면 웃기는 이야기들이 많다.
새로운 배역의 탄생을 축하하기 위해 베토벤은 오페라의 악보를 들여다보며 재미있는 순간들을 떠올리고 있다. 가벼운 광선검(활대)을 휘두르며 싸우는 첼리스트부터 웃기는 스포르잔도(강하게의 음악 용어)까지 베토벤은 웃음의 크레센도를 구상하고 있었다.

□ 감기에 심하게 걸린 소프라노 가수가 노랫말을 크게 내지 못하고 동료 가수의 얼굴 가까이 대고 나직하게 불렀다. 초록의 새눈들(코딱지들)이 코 밖으로 움트고 입술까지 흘러내렸다. 그녀의 뺨에도 콧물이 흘렀다. 그 콧물이 계속 매달려 있는 모습은 무대의 각색과 의상, 그리고 연출의 하나인 것처럼 보였다. 다음 노래를 부를 때 누런 콧물이 그녀의 콧구멍 속으로 다시 쑥 들어갔다.

□ 클래식 음악 작곡가들을 생각하면 괴상한 일화가 하나씩은 떠오른다. 지휘를 하는 동안 머리를 붙잡고 있지 않으면 머리가 떨어질지도 모른다는 차이코프스키의 노이로제, 정신병 환자 같은 베토벤 등 많은 이야기들이 있지만, 그중 단연 재미있는 것은 구스타프 말러 이야기다. 말러가 반유대 정서가 심한 오스트리아에서 유대교에서 카톨릭으로 개종한 지휘자였던 것만 보더라도 상황에 따른 그의 편집증적인 성격을 알 수 있다. 그가 뉴욕 필하모니 지휘자로 있을 때 일어난 버튼 누르기 일화 외에도 그의 편집증을 알 수 있는 것은 프로이드를 찾아간 일이다. 〈죽은 아이를 그리는 노래〉를 작곡한 직후 딸아이가 죽었다. 말러는 망연자실했고 자신의 그 작품이 딸을 죽게 했다는 생각에 사로잡혔다. 그는 프로이드가 딸의 죽음은 단지 우연의 일치일 뿐이며 그에 대한 자책감을 갖지 말라고 하자 이 한마디에 그의 정신적 불안은 말끔히 치유된 것이다.

□ 라흐마니노프가 정신적인 문제를 겪을 때 음악이 도움이 되었다는 이야기가 있다, 그 음악들 중 하나가 자신의 통나무집에서 쓴 피아노협주곡 2번이라는 이야기가 전해진다. 이야기의 가장 재미있는 부분은 그가 모든 악기들을 위한 완전한 악보를 완성하지 않았다는 것이다. 초연 첫날, 마지막 리허설을 할 때까지도 그는 오케스트라의 주 파트의 악보를 쓰고 있었다. 하지만 불완전하게 태어난 이 곡은 지금까지 작곡된 모든 곡들 중에서 가장 우아한

곡의 하나로 평가받는다.

□ 영국 지휘자 토마스 비참 경에 대한 재미있는 이야기다. 비참이 한 작품을 오케스트라와 리허설을 하고 있었다. 연습 도중 그가 지휘봉으로 탁탁 쳤다. 세 번째 호른이 반음 내려갔다는 것이었다. 다시 리허설은 계속되었다. 비참은 탁 탁 탁, 지휘봉을 치며 세 번째 호른이 아직도 반음이 틀리다고 소리쳤다. 이에 첫 번째 호른 주자가 대답했다.
"악보엔 세 번째 호른이 없는데요, 지휘자님이 틀린 것 아녜요?"

□ 브루흐의 바이올린협주곡 1번 제2악장, 어떤 악기도 흐느끼는 바이올린보다 슬픔으로 빠지는 코드를 사무치게 연주할 수 없다.

□ 바로크부터 슬픈 음악으로 영국 작곡가 헨리 퍼셀이 쓴 오페라 Didi & Aeneas 중 Dido's Lament만큼 가슴을 짓누르는 슬픈 노래는 없다. 비탄에 잠긴 카르타고의 여왕이 부르는 마지막 작별의 노래다. 이보단 조금 덜하지만 퍼셀의 침울하고 음산한 곡이 있다. 매리 여왕의 장례식 행진곡이다. 슬픈 노래를 떠올리면 그리그의 페르귄트 조곡 중 솔베이지의 노래도 빼놓을 수 없다.

□ 드뷔시의 아마빛 머리의 소녀(Girl with the Flaxen Hair) 또한 투명한 슬픔을 느끼게 하는 곡이다. 잔잔한 물결처럼, 살랑거

리는 바람처럼 부드럽게 가슴을 때리는 음 속엔 나만이 느끼는 은밀한 슬픔이 있다.

□ 창조적인 천재성으로 저주받은 음악가가 있다면 슈만일 것이다. 슈만 어린이의 정경(Scenes from Childhood)은 그의 로맨틱하고 과민한 성격이 남긴 곡으로 진지하면서도 비통함이 느껴지는 강력한 음악이다. 특유의 부드러운 멜로디는 그의 고뇌와 고통스런 슬픔을 아름다운 울림으로 표현한다. 슈만은 같은 음이 반복적으로 들리며 귀를 먹먹하게 하는 환각 상태의 정신적 혼란 증세를 보인 것은 잘 알려진 일이다. 비극적으로 추락한 말년, 라인강에 투신 후 40대 중반에 정신 병원에서 사망한 그의 작품 트로이메라이를 들으면 슬픔과 노스텔지어가 종소리처럼 잔잔하게 울려 퍼진다.

□ 모리스 라벨의 죽은 왕녀를 위한 파반느, 위대한 모리스 라벨이 작곡했다고 해서 특별히 놀라운 것은 아니지만 이 곡의 톤은 눈물을 흘리게 하는 뭔가가 있다. 들을 때마다 슬픈 것은 아니더라도 대부분은 그렇다. 비가 오는 날 우울하게 앉아 들으면 가슴이 먹먹해진다.

□ 차이코프스키 비창 교향곡 6번은 클래식 음악에서 뭐니 뭐니 해도 가장 슬픈 음악으로 꼽힌다. 천재적인 예술성과 가엾은 영혼

을 지니고 태어난 차이코프스키 음악의 다이내믹한 멜로디 이동과 강력한 정서의 떨림은 그만의 정교한 음악이다. 평소 우울한 성격의 차이코프스키는 전 생애를 통해 끊임없이 내적인 고통과 싸워오다 그의 비창 교향곡 초연 9일 후에 생을 마감한다. 차이코프스키의 죽음은 지금도 미스터리로 남아있지만 사람들은 대부분 자살로 본다. 이 교향곡의 마지막 악장 비창을 들어보면 그의 자살설에 수긍이 간다. 이 곡은 극심한 고통의 클라이막스로 점점 고조되면서 갈기갈기 찢어진 절망적인 정신이 사무치게 메아리친다. 격동적인 크레셴도로 오르다가 조용히 남기는 강력한 여운 속에 폭발하는 극적인 고통에 휘말린다. 고통은 가슴을 쓸어내리는 힘으로 비명을 지르고, 운명의 깊은 상처와 치유될 수 없는 울부짖음으로부터 터져 나오는 타악기와 관악기들과 현악기들의 충돌 속에서 고통은 부서져 흩어진다. 마침내 멜로디는 장엄한 피날레로 내려가 쓸쓸한 체념의 분위기 속에 마지막 호흡을 내려놓는 천재 음악가가 마지막 작별 인사를 하듯 곡의 비극적 고조는 애잔한 분위기를 지배한다.

□ "내게 마지막 노래를 불러 주는 당신은 어느 악마인가요, 신부님인가요? 목소리가 맛이 갔네."
라모가 자신의 임종을 지키는 신부에게 한 마지막 고백성사였다.

음악가들의 마지막 남긴 말
-J.S. Bach- Come, Sweet Death

☐ 바흐: 내 죽음을 슬퍼 말아라. 난 음악이 태어난 곳으로 간다.
  -그의 임종을 지키던 가족들에게 남긴 말이다.

☐ 하이든: 아이들은 보호받아야 한다. 나는 잘 살았다.
  -전하는 사람들에 따라 조금씩 다르긴 하지만 하이든이 마지막 세상을 떠나면서 남긴 말이다. 하인들 집에 대포 탄이 떨어지자 그들을 위로하고 안정시키기 위해서였다고 한다.

☐ 모차르트: 죽음의 맛이 입술에서 느껴진다. 이 맛은 세상의 것이 아니다.
  -죽는 순간에도 천재다운 말이다.

☐ 베토벤: 애석한 일이다, 아 너무 늦었어.
  -그가 주문한 와인이 제날짜에 도착하지 않고 죽음을 얼마 남기지 않은 날 와인을 받고서 한 말이다.

- 슈베르트: 여기서 내 인생은 끝나는구나, 나를 베토벤 옆에 묻어다오.
  -죽음을 앞두고 친구들에게 베토벤의 음악을 들려 달라 했다.

- 멘델스존: 기운이 없어, 너무 힘이 없어.
  -그가 죽기 전 좀 어떠냐고 물든 말에 대한 대답이었다.

- 쇼팽: 이것으로 나의 고통은 끝이다. 더 이상은 없다.
  -그가 모차르트의 레퀴엠을 듣고 싶다며 숨지기 전 한 말이다. 얼마나 삶이 괴로웠을까?

- 베를리오즈: 발라키레프에게 1천 번의 감사를.
  -프랑스의 위대한 작곡가 베를리오즈가 죽기 전 그의 친구인 피아니스트 발라키레프에게 한 말이다.

- 그리그: 그래, 가야 한다면 떠나야지.
  -162cm 키의 왜소한 그리그였으나 생각은 대범했다.

- 브람스: 맛이 훌륭하군요. 감사합니다.
  -간암으로 세상을 떠난 그가 와인을 한 모금 홀짝이면서 남긴 마지막 말이다. 그만큼 애주가였다.

☐ 바그너: 비극을 사랑하라.
　-평생을 화려하게 산 바그너가 남긴 오페라는 아이러니하게도 대부분 비극이었다. 그의 악보에 남긴 마지막 말이다.

☐ 요한 스트라우스 2세: 어떤 일이 있어도 나는 하고 말 거야.
　-그가 죽기 전 잠꼬대처럼 한 말이다.

☐ 말러; 모차르트, 아 모차르트.
　-그는 아내가 옆에서 임종을 지켜보는 가운데 아내의 이름이 아닌 모차르트의 이름을 부르며 숨을 거뒀다.

☐ 베르그; 아, 시간이 없다.
　-임종 시 아내가 마음을 편하게 가지라고 하자 이렇게 말했다.

☐ 비제: 옷이 너무 추워요. 내가 지금 입고 있는 옷이 죽음의 옷인가요?
　-임종을 지키는 아버지에게 비제가 한 말이다.

☐ 라흐마니노프: 나의 사랑하는 손아, 나의 가엾은 손아 안녕.
　-그가 암 선고를 받고 한 말이다.

□ 리하르트 슈트라우스: 이렇게만 쓸 수 있었다면 난 모든 것을 바쳤을 것인데.
　-그가 숨을 거두기 직전 모차르트의 클라리넷협주곡을 듣고 한 말이다.

□ 쇤베르크: 조화롭게!
　-12음계의 작곡자 쇤베르크가 자신의 죽음을 직감하고 으스스 하게 마지막 내뱉은 말이다.

□ 바르톡: 슬픈 것은 하고 싶은 말을 많이 남겨놓고 가는 거다.
　-미완성 작품을 많이 남긴 그가 숨을 거두기 전 마지막 한 말이다.

□ 존 필드: 나는 피아니스트다
　-아일랜드의 작곡가였던 그에게 당신은 개신교인가 카톨릭인가 하고 묻자, 그가 마지막 숨을 내뱉으면서 한 말이다.